コンプレックス文化論

はじめに

「コンプレックスは『甘い顔立ち』」

女性誌『Ｏｇｇｉ』２０１７年２月号の特集「コンプレックスがあるから、おしゃれになれる！」にこんな見出しを見つける。ボクのお小遣いはたったの30万円、みたいな違和感。コンプレックスを抱え、慎重に嗜《たしな》んできた皆々は、どうしたって、動揺する。甘い顔立ちがコンプレックスとして機能するならば、そこに法規はない。コンプレックス無法地帯だ。

誰かが何かの表現活動を始めた動機などほとんど不明確だし、不純であることすら多いのだが、人様に伝えるときには明確で純粋なものになる。なぜならば、そのほうがなんかイイ感じだから。必然性が欲しい。抑えられない動機を撒き散らしたい。

大成したバンドがインタビューでその黎明期を振り返る。

「商店街の端っこに小さなスタジオがあってね。メンバーが集って、一音鳴らすでしょう。もう、その瞬間から分かるわけ。ああ、これだよって。自分の居場所、ここにあるなって」

本当でしょうか。居場所、ここにあるな、なんて、本当に思ったのでしょうか。しかし、そう答えた途端、インタビュアーの質問が弾む。ヒストリーがぐいぐい前に進む。「結成時から在籍していたベーシストがうっかり第三志望の大学に受かってしまい、ちょっと遠方にある大学に通うと言い始めてバンドが霧散しかけてたから加入した」という史実をイ

文春文庫

コンプレックス文化論

武田砂鉄

文藝春秋

ンタビューに盛り込む必要はないのだ。

カルチャーを生み出す当人は、なぜ、その表現活動を始めたのだろう。「それしかできることがなかったのさ」と気取ったり、「モテるためかな」とはにかんだりする言動を素直に受け止めてはいけない。本当の理由は、自分自身のコンプレックスに潜んでいるのではないか。「なんだかうまくいかない」というモヤモヤをたどると、その根っこにはコンプレックスがある。人に打ち明けられないコンプレックスは絶対に「甘い顔立ち」をしていない。コンプレックスが文化を形成してきたのではないかと仮説を立て、しつこく考察していくのがこの本だ。本書で論議されるコンプレックスは、貧乏だとかデブだとかブスだとか、残酷に浸透し広まってしまったカテゴリではない。えっ、それくらい自分で何とかしろよ、と牽制されがちなものだ。

サッカー部員って「膝に違和感」で試合を欠場できるのに、「心がとてつもなくどんよりしています」では試合を休めない。だからサッカー部を辞める。文化ってそこから生まれるのではないか。天然パーマから遅刻癖まで、これまで腰を据えて考察されることのなかったコンプレックスを問い詰めていく。そして、そのコンプレックスを抱えてきた誰かに話を聞く。すると、直毛よりも天然パーマのほうが面白いものを作ってくれるような気がしてくるし、遅刻癖のある奴が時間通り来る奴よりもいいもの作りますよ、とほのめかしてきたのだ。

目次

第1回
天然パーマ

その1　天然パーマという自然エネルギー

天然パーマ。略して天パ。略さずむしろ引き伸ばせば「どういうわけか心ならずもあらかじめ備え持ってしまったクルンクルンの髪質」のことを指す。パーマにランクを設けるとして、曖昧なカテゴリのくせに偉そうに鎮座している呼称「オシャレパーマ」の対極で、豪快に踏んづけられ続けてきたのが天パだ。天然なのか養殖なのかを問われ、威勢よく「天然!」と答えて笑われてしまうのはパーマくらいのものである。天然水にしろ天然酵母にしろ天然うなぎにしろ、天然と名がつけば無条件で歓迎され、その鍛練が称えられる世の中なのに、パーマだけが天然であることを良しとされない。本来、天然って守られるものだ。そのまま持ってきました、とアピールするために畑の土をあえて払い落とさずに売られている無農薬の有機野菜のように。朝イチ築地で仕入れた魚なんですと言えば、みんな褒めてくれる。さすが天然モノ、と知ったような口をきく。

髪の毛をそのままクルンクルンさせているというのに、天然パーマが加工パーマより重宝される場面は皆無である。畑の土を残した有機野菜と、朝イチ築地で仕入れた魚と、何が違うのだろう。中学生の頃、極度の天パで知られるY君が持ってきたエロ本には縮れ毛が挟まっていた。それは陰毛なのか、天パなのかという議論が浮上する。雑誌の用途を考えればおそらく前者に違いないのだが、後先考えない言葉の暴力を振りかざす中学生なる生き物は、巧みな想像力で、その日から彼の頭を指差し、「陰毛」と呼ぶようになる。陰毛か髪の毛かという議論だったのに、髪の毛が陰毛という帰結に至る。

おいおい、それはさすがに天パを散らかしすぎだろうと思われる天パ編集者から、ならではの苦悩を聞く。夜更けに自転車を走らせ、近所のレンタルビデオ屋へ返却に向かうと、二人体制でパトロールに勤しむ警察官に止められたそう。盗難自転車の調査だというのだが、彼は止められた理由を「伸ばしっぱなしの天然パーマだからに違いない」と憤っている。その一点ではなく風貌の総合評価ではないかと感じたが、同席していた別の編集者が「自分の知り合いにドレッドヘアの奴がいるんだけど、そいつは何もしていないのに職務質問された。要はさ、ドレッド＝何か悪そうだから、ってだけなんだよ。許せなくないか。それに比べればマシだよ」と返す。慰めたつもりかもしれないが、火に油を注ぐというか、天パにドライヤーを当てるというか、むしろ熱を帯びて憤り始めた。天パ編集者は、非天パ編集者の誤謬《ごびゅう》を、活動家のアジテートのように、手厳しく糾弾《きゅうだん》する。

「ドレッドヘアは己の意思。天パは不可抗力」

ドレッドヘアを見て反社会的かもと推察する警官はなかなか危ういが、そもそも天パはその髪に少しの意思も込めていない。ドレッドヘアには少なからず意思がある。その意思が無灯火乗車や自転車窃盗という悪行とリンクしているのではないかと類推する行為はけしからん。でも、天パには意思すらないのだ。この差はとてつもなく大きい。

天然パーマだったことを創作に繋げた第一人者として手塚治虫の名を挙げておけば、世の中の天パは、肩と天パで風を切って歩けるだろう。重度の天然パーマだった手塚治虫は、髪を洗い、風呂から上がりタオルで髪を乾かすと、クルンクルンが束になって固まり、耳の上の両側が犬の耳のように立ったという。そう、これがアトムの髪型のモデルとなった。素人にアトムの似顔絵を描かせれば、顔のパーツがどれだけ似ていなくても髪を立たせているはず。あの特徴的な造形は手塚治虫自身が天然パーマだったからこその産物なのである。

坊ちゃん刈りのアトムでは「空をこえて ラララ 星のかなた ゆくぞ」と歌われても、風になびいている感じが乏しい。ワックスをつけて髪全体を遊ばせている無造作ヘアだと、頻繁に髪型を直す必要が生じるので、助けるものも助けられなくなる。十万馬力を出せるのは髪型に無頓着だからだ。人と同等の感情を持った少年ロボット・鉄腕アトム、その人間臭さを知らせるために自身のコンプレックスでもあった天然パーマをキャラクターに反映させたのだろうか。アトムは原子力をエネルギーに動く。福島原発事故によって原子力が根から疑われることとなった3・11以降、これからは原発に頼らず自然エネルギーを、とのスローガンを繰り返し聞く。もちろん、その主張に賛成。自然のエネルギー、要するに天然のエネルギー。元からあったものをどう使うか。鉄腕アトムは天然パーマに新たなメッセージを宿し始めた、と決め付けておく。

人より目立たねば表に出られない芸能界には、多くの天然パーマが存在する。大泉洋は、鉄腕アトムと同様に、天然パーマでなければここまで成功したかどうか疑われる代表格だろう。『水曜どうでしょう』でいくつもの旅に出かけ、毎朝のように四方八方に髪を飛び散らかせた寝起き顔を晒す行為が、番組が持つ機動力に直結していた。直毛の寝起き、直毛の寝癖では、あそこまでの笑いが約束されただろうか。ヘルメットをかぶればヘルメットがもっさりする、髪にゴミが付着したままなかなかとれない、天パを笑いの水源としながら長旅をこなしていく。大泉自身、この番組について「おっさん四人が、おおかた、聞くに堪えない喧嘩をしながら、たいがい甘いものを食いつつ、夜にはしこたま酒を飲み、酔った〝ヒゲ〟と天パが裸で相撲を取る」（大泉洋『大泉エッセイ　僕が綴った16年』角川文庫）と分析している。天パだからこそ、なのだ。

俳優・岡田将生も天パだが、大泉と共演したときに彼は「髪型をマネされたみたいで、とても腹立たしいというか…」（ORICON NEWS・2010年10月13日）と大泉を挑発し、笑いをとった。不人気と言われて久しいが身体的特徴をイジる速度はいまだ健在、とんねるず・石橋貴明は、大泉と共演して早々に彼の髪型を見て「ライオネル・リッチー」と名付けたそうだから、大泉洋の入口に天パというアイテムが用意されていることは大きかった。

　映画『アイアムアヒーロー』に出演した大泉洋はR15指定の映画にちなんだ「15歳だけの限定試写会」の舞台挨拶に登場し、「中高時代はパーマ禁止だったけど、皆さんご存じの通り私はこのようですから。受験の時も〝天然パーマ証明書〟みたいなものがあった気がする」「すごく怖い先生が『いつかけたんだそのパーマは！』と言うからクラス中が大爆笑。生まれた時からですと言ったらさらにウケたので良かった。直毛にあこがれました」と発言した。続いて、大泉と共演した長澤まさみが、15歳の時に出演した映画『世界の中心で、愛をさけぶ』の頃には「やっぱり髪形に悩んでいたと思います。髪形が決まらないとか。うちの学校も茶髪届けや天然ウエーブ届けがありました。髪の毛に悩み年齢《ママ》ですよね」と明かしている（エンタメOVO《オーヴォ》・2016年4月19日）。「天然ウエーブ」という少々お洒落な形容がむしろ無理解を晒しているが、髪型が決まらないことと天パが同義で語られており、その前提を認めまいとする天パ側の主張は、主張する前から封殺されている。

「Yahoo！知恵袋」の検索窓に「天然パーマ」と入れてみると、たちまちこんな質問にぶつかる。これほど救いのない問いがあるだろうか。

「天然パーマの人で縮毛矯正していない人がいますが、なぜ矯正しないのでしょうか？　天然パーマは周りの人によっては大変不快に感じるものです。にもかかわらずそれを治そうとしないのはどういった心境からなんですか？　せっかく外食しに行ったのに、隣の席に天然パーマの方がいたらガッカリしますよね。不潔感がすごいのでご飯がまずく感じます」

救いがあるならば、この問いに、そんなこと言ってはいけませんよとお咎《とが》めのアンサーが入る点だが、それでもこの設問者は丁寧な回答に理解を示すこともなく、「悩んでいるからといって他人に迷惑をかけていいわけではありません。自己中過ぎます、天パの人は」と言い残している。高校受験の日に満員電車の四方が全員天パで息苦しくなり気分が優れぬまま試験に臨んで落ちたなど、よほど強烈な天パ体験を持っているに違いない。

女優・貫地谷しほりは、2010年の「くしの日（9月4日）」を前に発表された、美容週間の認知促進を目的とした「第7回　The Beauty Week Award」を受賞した。髪の美しい著名人に贈られるこの賞だが、貫地谷はこの場で天然パーマであることを公言した。公言した、と書けば、公言してはならぬものとの印象もいたずらに高まるけれど、彼女は「（受賞して）今は自分の〝天パ〟が好きになりました」（nikkansports.com・2010年9月1日）と吐露、かつてのコンプレックスが芸能活動を続けるなかで溶解したことを宣言したのだ。天パコンプレックスを吐露すれば、道は開ける。「せっかく外食しに行ったのに、隣の席に天然パーマの方がいたらガッカリしますよね」という非道な知恵袋に屈しては いけない。

そもそも天然パーマはどれほど深刻な問題として世に認知されているのだろう。公益社団法人日本毛髪科学協会に寄せられた相談件数の割合に頼ってみる。2001年と少々古いデータながら、第1位は全体の34％を占める薄毛。続く21％が育毛剤についての相談。予想通り過半数が薄毛関係だ。縮毛（天然パーマ）の数値はなんと全体の1％、件数換算でも3件のみ。この数値は、日本毛髪科学協会前理事兼研究所長の井上哲男が編者となった『毛髪の話』（文春新書）から拾っているが、この本には天然パーマの文字がちっとも出てこない。つまり、毛髪の諸問題から天パは完全に取り残されている。

もしかして天パは取るに足らない問題なのだろうか。それとも、その昔に万事解決済みとの判断を下されているのだろうか。フサフサだった髪の毛がこのところ薄くなってきた、毛染めを繰り返していたら髪質が劣化してきた、これらは、生じた変化に対する動揺が呼び込んだ悩みである。しかしながら、天パは常に天パだ。来る日も来る日も天パだ。課長に電話して「すみません、朝起きたら突然天パになっていたので、今日は午後出勤で」と謝罪したものの、午前中に何をすればいいのか分かりません、そもそも私は謝るべきだったのでしょうか、といったお悩み相談はあり得ない。事件が生じてからでないと動かない警察の体質のように「天パは天パなんだから、天パは天パなりの生き方をして下さい。万が一、天パに何かあったときだけ連絡して下さい」というスタンスなのか。放置されるからこそ、変わらぬクルンクルンっぷりには相当なエネルギーが溜まっている。

自然エネルギーとして維持されてきたそれを、周囲の人は瞬時に既成事実として把握する。把握されているのに、様々な場面で天然パーマを笑われ、いじられ、かと思えば、補足的に余計な気遣いを受けてきた。嘲笑と配慮の乱れ打ちが個々人のコンプレックスとして堆積する。天パを抱え込むとはいかなる事態なのか。実際の天パアーティストに話を聞きながら、縮こまった天パ論を直毛に伸ばす実直な議論を重ねていくことにする。

その2 おとぎ話・有馬和樹インタビュー

「ロックでもパーマでも、天然物は強い」

今さら、「事件は会議室で起きてるんじゃない。現場で起きてるんだ！」と叫ぶ織田裕二に感化されるならば、天パについても、現場を見なければその本質を捉えることはできないはずである。インタビュー取材に答えてくれる天パクリエイターを探すと「この人しかいない」という人が見つかる。画像検索すると、トリミングに抗《あらが》う天パを発散させている。「あなたにとって、〇〇とはなにか」に入るのは大抵、「夢」とか「仲間」であるわけだが、今回はそこに「天然パーマ」をはめこんでの依頼である。「あなたにとって、天然パーマとはなにか」。寛大な心で快くインタビューに答えてくれたのは、「おとぎ話」のボーカル、有馬和樹。ポップミュージックが持つ煌《きら》めきを豊かに広げていく、とっても温かな音楽を作り上げるバンドだ。最寄り駅からインタビュー場所にたどり着くまでのビル風に揺られたのか、毛先を方々に散らしたその天然パーマにピントを合わせた特異なインタビューに応じてもらった。

おとぎ話 profile

2000年に同じ大学で出会った有馬和樹と風間洋隆により結成。その後、同じ大学の牛尾健太と前越啓輔が加入し現在の編成になる。 2007年にUKプロジェクトより1stアルバム『SALE!』を発表、以後2013年までにROSE RECORDSからの2枚を含め6枚のアルバムを残す。2015年、代表曲となる「COSMOS」が収録された7thアルバム『CULTURE CLUB』をfelicityよりリリース。従来のイメージを最大限に表現しながら、それを壊し新しい扉を開いたこのアルバムにより、唯一無二の存在に。2021年、11thアルバム『BESIDE』をリリース。ライブバンドとしての評価も高く、映画や演劇など多ジャンルのアーティストやクリエイターから共演を熱望され、注目を集めている。日本人による不思議でポップなロックンロールをコンセプトに活動中。http://otogivanashi.com

――まずは天然パーマの原体験を教えて下さい。

有馬　実は小学校の頃は天然パーマじゃなかったんですよ。小学校6年生だったと思うんですが、髪の毛を切ったら、生えてきたのが天然パーマだった。そういう人って多いんです。最初は天罰じゃないかと思ってましたね。クルンクルンしているだけで友だちからバカにされたり、あまりに言われるものだから、中学時代は自分のことを包み隠して生きていましたね。

――中学時代は共学校でしたか。

有馬　そうです。思春期まっただ中のときに、下ネタを交えつつ髪型のことをバカにされた。でも当然、僕にだってクラスに好きな人ができるわけですよ。でも、その人の面前で天パをバカにされる。そしたらもう、その人と話なんてできやしません。教室で泣いてましたもん。泣くことで何とか自分をコントロールしていました。

――中学生の頃って、たとえば「ブーちゃん」とあだ名を付けられるような太った男子が、いじめられたくないがゆえに、強いグループの奴から「おい、おまえ、おっぱいもませろよ」なんて言われながら、いじられることを許容してグループに参入していく働きかけがありましたよね。ああいう風には振る舞わなかったのですか。

有馬　あれとは全く違いますね。もしかしたら都会の子ならストレートパーマにする選択肢が生まれていたのかもしれないけれど、僕が育った戸塚は違いました。渋谷とか横浜にも行けたはずなんだけど、買い物するってなれば地元のジーンズメイトでした。そんな自分には、天パをどうすることもできなかった。今でもね、ライブで地方に行くとよく分かりますよ。あのときのオレみたいな人がたくさん来てくれるんです。

――大学に入ると、各々の校則から解放されて、周りが一気にオシャレに目覚めますね。そこで生まれる選択肢のひとつがパーマです。とにかくみんなパーマをかけてオシャレになる。その光景は、根っからの天然パーマにはどう映ったのでしょう。

有馬　おいおい、何をしているのだ、と思いましたよね、そりゃ。お金かけてパーマにしている人間は未だに理解できないですね。だってこっちは、昔から、髪の毛にカールがかかっていることが原因で散々言われてきたわけで。

――どうして、金をかけてわざわざ、と。

有馬　そう、パーマなんて金持ちの道楽ですよ（笑）。余裕があるからできるんです。

――パーマをかけるというのは、こういう髪型にしてこういうふうに思われたい、という自己表現ですよね。でも有馬さんにとっては、「表現」ではなく、「こうだった」という「前提」です。

有馬　そうです。バンドを始めたのは大学に入ってからなんですが、それまでは自分が他の人よりも長《た》けることとなんてないと思っていた。でもバンドを始めて、この髪でこの格好で出ていって演奏をしたときに、みんなが認めてくれた。そのとき初めて、「あっ、この髪型でよかったな」って、自分の前提を前向きに捉えることができました。

——卒業してからしばらくして同窓会に行くと、男性も女性も劇的に変化していますね。自分は「オマエは変わらないよね～」なんて言われるんですが、その「変わらないよね～」の後ろには「(笑)」というか「(嘲笑)」みたいなものがついています。でも、こっちは「あらま～、そんなに変わっちゃって」と、むしろ「変わっちゃった」側に対して嘲笑を向けたくなる。有馬さんの音楽や発言を見聞きしていると、変わらなさをとても大切にしている感じが伝わってきて嬉しくなります。そして、その変わらなさは、天然パーマに集約されている気がしてきます。

有馬　なるほどね、一理あるかもしれない。見た目は変わっていませんから。昔からオレのことを慕ってくれた人が、最近、ようやく本来の有馬っぽくなったって感じてくれてるんですよ。それがとっても嬉しい。だからこそ、天然パーマでオシャレしているヤツはまず好きになれないんですよ。「いや～、天然パーマなんだよね、オレ」みたいな言い方をしてくる明らかなファッションパーマは嫌いです。すぐ分かりますもん。となると、信じられる天パは前野(健太)君くらいですよ。

——前野健太さんの日記に「有馬くん、きみは天パ同盟の最高パートナーだ」と書いてありました。

有馬　本当ですか！　天パ同盟、組んだ覚えないですね(笑)。でも、前野君とだったら組みたい。いやー、結構みんな、言いたがるんですよ、オシャレっぽく「オレ、天パっすよ」なんて。でもね、オレからすると、じゃあ君たち、中学の頃からその感じでいられましたか？　って思うわけです。10代のときからそれを引きずって生きてきた人、そして今まさに引きずっている人に、本当に、真剣に、土下座して謝ったほうがいいよって思いますよ。

――中学くらいに言われたことって、ずーっと引きずりますよね。あのとき言われた何かって、萎んでいく気配がない。キープというより、むしろ悪性の細胞のように広がって大きくなっていきます。

有馬　そうですね。無理をして、それを受け入れちゃうと、もう食べちゃったことになりますから、それはそれでいけないし。

――タレントの大泉洋さんは、天然パーマの上にパーマをかけているらしいんですが（『笑っていいとも！』テレフォンショッキング出演時の発言より）、このやり方についてはどう思いますか。

有馬　……ショックです。

――それは裏切り行為、ということですか。

有馬　天然パーマを売りにしちゃいけないんです。

――彼が北海道のローカルタレントとして活躍していた頃は「天パにパーマ」はしてい

なかったと思うんです。彼は今、ご存知のように東京を主戦場にしている。これは仮説ですが、「天パにパーマ」ってのは、コマーシャル化の象徴なんですよ。

有馬　自分のことを分かりやすくさせるにはそれが一番いいのかもしれない。天パをストレートにする縮毛矯正はいいと思うんです。理解できます、だってそれは決断ですから。直しているヤツには直している理由があるわけだから、その人のことはなんとも思わない。僕だって、ストレートのほうがいいなあって未だに思いますよ。1回くらいストレートになってみたかったって。なんでこんな目立ちやすい髪型になっちゃったんだろうって思ってますよ。でもね、だからこそ、天然パーマにパーマかけるのは理解できないんです。

――繰り返しになりますがパーマをかける行為というのは「この髪を見てほしい」というアピールですよね。でも、天パは「見てほしい」ではない。「心ならずも目立ってしまった」という状態です。だから、置かれた状態として「パーマ」と「天パ」はとてもよく似ているのだけれど、心象としては全く逆のところにありますよね。

有馬　そうですね、こっちは目立たないようにしてきたわけですから。でも、天パを隠しながら、深層心理で「オレはこんなもんじゃない」と思ってきた。爆発させるまでは長かったですよ。10代はコンプレックスの塊で、バンドでデビューした20代は認めてもらってからの戦いが始まった。僕は天パだけじゃなくて、遺伝で歯の本数が少ないんですが、デビューしてから「2ちゃんねる」などで「ボーカル、キモい」なんて言われ続けてきた。

音楽をやっていれば賛否があるのは必然だけど、音楽のことを言わずに、見た目について否定的なことを言われるのは、これから頑張ろうとする自分にとっては、自殺したくなるくらいキツかった。そこをどうやって武器に変えていくかが20代後半の戦いだった。ここ最近、そこに打ち勝った実感があります。ハードコアバンドと共演して認めてもらえたり……打ち勝った瞬間に30歳になった。今まで鬱屈していた部分が爆発して、ここから面白いことが起きるぞって感じがしているんです。

──素敵ですね。30歳になって、ようやく自分のコンプレックスが自分にフィットしてきた。

有馬　そうなんですよ、フィットしてきたんですよ、天パが。

──そのフィットした感じをどんどん伝えていくこと、これは天パの仲間たちにとっても大きな勇気を与えますよ。

有馬　僕ら、自然体でやれていますから。みんな自然体じゃなくなりますからね。スタイリストが入ったりしてね。造られた偶像になっていくのをたくさん見てきました。

──でも、そういう連中は短命でしょう。お金をかけて美容院でかけてもらったパーマが一定期間を経て元に戻っちゃうようなもんです。でも天然パーマは、そのまんまなんです。ロックでもパーマでも、天然物は強い。

有馬　いい話ですね。天然の素材ですよ。僕、この天然パーマ守りますよ。付き合い長いですから。一番付き合い長い友達ですから。どんどん膨張していきますよ、バンドも天パも。おとぎ話は、うさんくさい人、うまい話に、反旗を翻してきました。自分の中の天然のものを信じてやってきた。世の中、コンプレックスを持っている人はたくさんいます。ツイッターでその手のことをつぶやくとたくさんリツイートされます。そこに向かって僕が、それでいいんだよって言ってあげたい。その子たちの希望になりたい。カッコいい髪型して美容師に切ってもらいましたみたいなヤツが歌ってるだけじゃ面白くないでしょう。

そもそもオレは洋楽が好きで、マッシュルームカットに憧れがあって、高校に入ったくらいのときに、美容室行ってみたんですよ。オアシスのリアム・ギャラガーの写真を見せてこういうふうにして下さいって言ったら「無理です」って即答された。そのとき、こんなとこ二度と来てやるかと思った。なんでこんなにつらい処遇を受けなきゃいけないのかって。

――イケてる美容師って、ちょっと偉そうでしょう。オレの手にかかればカッコよくなるよ、っていう感じ。1500円の床屋に長年通ってきましたが、「短めで」、この一言だけでフィニッシュまで持っていく。美容師はそうじゃない。襟足がどうだ、前髪がどうだとうるさいらしいじゃないですか。

有馬　あそこは男が行くべき場所じゃない。でも、バンドの他のメンバーはヘアサロン行ってるんですよ。このバンド、ヘアサロン組が3名もいる。

――すかしてんじゃねーよって思いますか。

有馬　思います（笑）。でもね、僕はその最初に会った美容師が本当によくなかったんですよ。

――もしその美容師がそこで理解を示してくれて、無理くりリアム・ギャラガーに近いような髪型にしてくれていたら、もしかしたら、そこで天パを卒業していたかもしれない。そうすると、おとぎ話はなかったかもしれませんね。

有馬　ない、明らかにない。

――そう考えると、その美容師が、かなりのキーポイントですよ。

有馬　そっか、何だか会いたくなってきたなあ（笑）。

――「あのとき、僕の天パを邪険に扱ってくれてありがとう」って。

もしあそこで天然パーマを卒業していたら、このバンドは明らかに存在していなかった……歴史に「もし」は禁句と言うが、天パにおいても同様だろう。おとぎ話の有馬和樹は、天パでなければならなかった。天パにも「もし」は必要ない。別れ際、「これからも絶対に天パでいてくださいね」と声をかけると、「当たり前じゃないですか」と小さく笑いながら、激しく跳ねた後ろ髪をゆらしながらエレベーターの中へと消えていった。

その3 カルチャーはクルンクルンが支えてきた

皆さんご存知のように、文学は二通りに分けられる。「天然パーマ文学」と、そうではない文学である。2003年に芥川賞を受賞した大道珠貴《だいどうたまき》『しょっぱいドライブ』（文春文庫）は、天然パーマ文学の最高峰に位置づけられる。海沿いにある小さな町を舞台にした、34歳・ミホと60代前半・九十九《つくも》さんの間に生まれる静かな恋愛感情を描く作品だ。

九十九さんは「服で隠れていない部分の皮膚には、細かい茶色のしみがある。たるんでもいるので、ちくわみたいだ」と描写されるほどのおじいさん。しかし、ミホからは九十九さんがどうしても「女の子みたい」に見える。それには理由があった。「九十九さんは撫で肩で、腰が細い。そして髪の毛が天然パーマだ。禿げたりはしていない。ブラシをつかわなくても自然と内巻きになる」。天然パーマの内巻きと同じように、内股で小走りに走る九十九さんは、いつもちょっとだけかわいい。やがてミホは九十九さんと同居しようとの思いにかられる。しかし彼女は「このひととほんとうにやっていくのだろうか、わたしは」と決断しきれない。「立ちつくすわたしは、九十九さんの頭のてっぺんを見おろしている」。つむじからクネクネと天パが出てくる辺りをじっと見つめているのだろうか。

彼女は九十九さんの天パに、その生え際に、どこへ曲がるか分からない毛先に、九十九さんの人生そのものを感じ取っている。九十九さんは独り身ではない。その人生は紆余曲折、曲がったり折れたりしてきた。見つめる先の天然パーマには人生が投影されている。やがて同居を決めたふたり。ミホは隣で寝返りを打った九十九さんの髪の毛が右半分ごっそりないのを見てしまう。「ふだんはうしろからや左から、髪の毛を集め、右に寄せていたのだった。見てはいけないものを見てしまっている。でもわたしは見たことを一生黙っているつもりだ」。そして彼女は、九十九さんの髪をなでる。互いの心象が天パに表出する。九十九さんにとって、天然パーマの髪は、自身のアイデンティティ。彼女はそのことを感知する。この物語に通底する、人を想うということ、それでも残存する他者との距離感は、予測不能な天然パーマの毛先に象徴されている。ハゲでもロン毛でも短髪でも、この作品はありえなかった。

吉行淳之介が瀬戸内晴美（現・寂聴）と「女の髪の毛について篇」という対談を交わしている（吉行淳之介『特別恐怖対談』新潮文庫）。髪の毛は性感帯だとする吉行に対して、瀬戸内は「髪の毛を落してからほんとうにさっぱりしたの」とかわす。丸坊主にしてから、男女関係に至る機会が一切なくなったという。瀬戸内はこう続ける。「男の場合でも、髪の毛って性欲と何か関係あるんじゃないでしょうか」。吉行は「男の場合は、むしろ気持の問題だけでしょう」と返す。いや、それは違う。絶対に違う。おとぎ話・有馬のインタビューを読めば分かってもらえるだろうが、年を重ねても毛量が比較的豊かなままだった吉行は、髪の毛がコンプレックスの発芽となる可能性すら考えちゃいない。天パに人生を揺さぶられてきた人の前で「そんなの気持の問題」と言えるだろうか。吉行は「女の髪の毛には眼がある。というのは、ぼくはとても悪い癖があって、意味なく時計を見るんです。バーで隣の女の子の肩を抱えていて、こう、女の子の頭の後ろでそっと時計を見ると、必らず分って、厭がられる」とキザな発言を続けるのだが、争点をそらしすぎである。

2002年から『少女コミック』に連載されていた織田《おだ》綺《あや》『天然はちみつ寮。』（小学館）は、天然パーマの女の子・二階堂寧々が主人公の少女漫画だ。寧々は天然パーマをコンプレックスとして抱えているどころか、そもそも物語は天然パーマから始動する。初詣の日、寧々は自分の天然パーマが不良パーマであると誤解され、補導されかける。その窮地を救ってくれたのが、色素の薄い髪を持つ、整った顔立ちの男の子・桜坂光だった。寧々はこれまで散々「お前なんだ その髪は⁉」「アレ天パだって かわいそー」「よかった私 あんなんじゃなくて」と言われてきた。ふたりは同じ高校、しかも同じ学生寮に住むことになる。天パへの残酷な仕打ちが切り開いていく恋。

先のエピソードで大泉洋が漏らしていたように、実際に「天然パーマ証明書」（長澤まさみいわく「天然ウエーブ届け」）を学校に提出させられた経験を持つ天パが結構いる。教師から「おいお前、それ天然か」と問われ、「はい、これは天然物です」との証明を強いられる。学校への提出物となれば、親の印鑑も必要になったのだろうか。子は親に何と言ったのだろう。「私、先生にパーマかけたんじゃないのか、って疑われているの。だから証明書を出さなきゃ」「……どうして泣いているの？」。この事務手続きによって歪んだ親子関係がないとは限らない。

角田光代のエッセイ集『愛してるなんていうわけないだろ』（中公文庫）に、学び舎での天パ対決が記されている。若き天パ少年少女に勇気を運ぶ名エッセイだ。「教師とパンチ」と題されたエッセイには、これまで「つんつるりんのストレートヘア」だったのに突然、天然パーマになってしまった角田が、服装チェックの度に教師とやり合うシーンが紡《つむ》がれる。「人工だ天然です人工だ天然ですと、シロヤギクロヤギのばかげた歌のように、地獄の果てまで続くと思われる非生産的な言い合い」を続けた。それでも疑う教師は中1時代の角田の写真を持ち出し「このときはこんなにまっすぐだったではないデスカ」と主張してきた。この不毛なやり取りに疲弊した角田は、だったらいっそのことと思い立ち、近くの美容院でパーマをかけてしまう。その出来栄えは、大仏頭のパンチパーマだった。教師に呼び出され、泣く泣くストレートパーマをかけた。青春の確かな傷となった。
しかし、少々冷静に考えてみよう。教師がそのパーマは人工ではないのかと咎めなければ、パンチになることも、ストレートにすることもなかった。教師の目的は「パーマをかける＝不良行為」の取り締まりだったはずだ。結果的に天然パーマにストレートパーマをかけさせる事態に至ったことを、その教師が反省したとは思えない。天パは押し並べて誰にも迷惑をかけずに天パのままでいようとする。それなのに、天パは唐突に疑われる。突然、「おい、それ、なんだ?」と詰問される。結果、届け出を求められたり、わざわざストレートにさせられたりする。天パの声に耳を傾けようとしない。だからこそ幼き頃の天パ蔑視は、時を経ても引きずられる。角田光代の2006年1月30日の日記にこうある。
「髪の毛がのび放題にのび、天然パーマのせいで、気がつくと頭髪が漫画の爆発後みたいになっている。（中略）天然パーマの人はきっと『わかるわかるわかる』と、私の手を強く握ってくれるのではなかろうか。爆発後で日々を送っているのが何かいたたまれない気持ちになって、美容院にいき、十年ぶりくらいにパーマをかけた。できあがった髪型を見て、似合う、とか、似合わない、とかではなくて、『こりゃー朝が楽そうだ』と思うのは、はたと我に返ってみれば、たいへんかなしいことである」（「つれづれ雑記」アスペクトONLINE・2006年1月30日）
天パは何も悪いことをしていないのに、時に警戒され、豪快に誤認され、その経験がいくつか重なることで自分自身の天パに劣等感を持ってしまう。降って湧いた正義感で「おい、本当に天然パーマなのか」と疑った教師は、それが人工パーマじゃないと分かれば一安心して終わり、なのかもしれない。でも、疑われた天パの心は簡単に晴れない。引きずる。そして潜伏期間がとにかく長い。

天パじゃなくて直毛だったら、手塚治虫の漫画も、おとぎ話の楽曲も、角田光代の小説も生まれなかったかもしれない。ならば私たちは、今そこで露見している天パを乱雑に扱ってはならない。天パだからこその豊かな表現が生まれてきた。毛先がいくらあっちいったりこっちいったりしても芯が通っている。天パはブレない。今、一番大切にしなければいけない天然は、水でも温泉でもガスでもなくパーマである。

第2回

下《げ》戸《こ》

その1 「お酒飲めない」から生まれるもの

「あっ、そうなんだ、お酒飲めないんだ……」の「……」を正確に成分解析することは容易ではない。静かな失望、保たれる優位性、決別へのシグナルなどが入り混じっている。入り混じっていることを察知した下戸側は、正しい応答をいまいち探し出せぬまま、ひとまず「ごめんね」と謝ってみる。「ううん、いいよ全然」という不安定なレスポンスの後に漂うのはやっぱり「マジかよ」という内心が滲んだガッカリムードである。下戸は方々でソフトな謝罪を続ける。ジンジャーエールを飲めなくても、ジンジャーエールを飲める人に謝る必要はない。トマトジュースでもセイロンティーでも同様。なぜお酒だけ謝る必要が生じるのだろうか。

日に日に古びていく「とりあえずビール！」という人権侵害は、やっぱり生き延びている。『大辞林』で「とりあえず」をひけば「十分な対処は後回しにして暫定的に対応するさま。なにはさておき」と出てくる。自分が本当に飲みたいもの＝「十分な対処」は後ですればいいので、「暫定的に対応」してビールを頼んでおく。なかなか傲慢な行為である。

暫定とは「正式な決定がなされるまで、仮の措置として、とりあえず定めること」なのだから、「とりあえずビール！」を申し立てる誰かは、少なくとも相手方に「仮の措置」でいいですか、と尋ねなければならない。「とりあえず全員分のビールちょうだい！」と店員に注文してしまう人はさすがに少なくなってきたが、多くの場合、幹事は「とりあえずビールの人〜？」と声を張り上げる。しかし、「とりあえず」とは、相手方の「今すぐに正式決定することは難しいです」との見解を受けて初めて機能する言葉なのだから、真っ先に「とりあえず」と投げかけ、「あっ、私はウーロン茶で……」と恐縮させるのはおかしいのだ。「ビールじゃない人〜？」といきなり部外者を吊るし上げるようなやり方も目立つ。人様の「仮の措置」を他者が策定するなど、言語道断である。

古谷実『行け！稲中卓球部』（講談社）に、飲んだことのない酒を無理やり飲んだ後、「ファンタやぁ〜〜〜〜」とファンタの有り難みを再認識する場面がある。私自身は下戸ではないものの、「とりあえずビール」方面の強制力に出くわすと、あの場面が頭によぎる。酒なんかより、ファンタのほうがいい。だって、甘くて美味いから。会社員生活を10年ほど続けていたので「オレの注いだ酒が飲めないのか」という場面に何度か遭遇したことがあるが、ちゃんちゃらおかしい論理である。「オレの注いだファンタが飲めないのか」と言われたら、多くの人が頭に「？」をいくつも並べるだろう。ならば酒に対しても同じ「？」を並べなければならない。「オレが用意してやった３ＬＤＫに住めないのか」ならば住んでやってもいい。しかし、オマエの注いだお酒ごとき、一体なんだというのだ。

あらゆる話の中で、話者が思っているほど聞き手はウケちゃいない、と相場の決まっているふたつの話がある。「昨日見た夢の話」と「酔っぱらいエピソード」である。このふたつはどうも質感が似ている。誰にとっても時間は有限なのだから、「昨日見た酔っぱらった夢の話」を繰り返す友人がいたら、縁を切ったほうがいいだろう。何度も読んだ文庫本を読み直すほうが有益である。

「昨日見た夢の話」というのは、布団の中で個人的に反芻する分には面白い話だ。なにせ、砂浜に座って海を見ていたら石原さとみがやって来て一緒に麻雀をしようよ、と誘われたりするのだ。とっても面白い。そのとき、「まじかよ、石原さとみかよ、やったぁ」と思った感触が残る。ただ、それは布団の中に留めておくべきだ。つまり、「砂浜に座って海を見ていたら石原さとみがやって来て一緒に麻雀をしようと誘われた夢」と「砂浜に座って海を見ていたら石原さとみがやって来て一緒に麻雀をしようと誘われた夢の話」はまったく一緒ではない。酔っぱらった話も同様に考えていく必要がある。記憶をなくしてゴミ捨て場に朝まで豪快に寝転がっていた話のどこが面白いのだろうか。朝までゴミ箱に寝転がっていた人の話など、全国で1日平均500人くらいはしているはず。となれば年間に2万人近くの人が「翌朝までゴミ箱に寝転がっていた話」をしている計算になる。シングルCDヒットチャートならば年間トップ100に食い込んできそうな数値だ。こんなに普通でつまらない話もない。

酒とは連帯だ。結束だ。自分と誰かの絆の確かめ合いだ。個室でしっぽりでも、ビアガーデンでウェーイでも、そこに集った間柄を密接にする目的を持ち、目的達成をとにかく急ぎ、達成した目的を延々と撫で回す。時折、酔った同士で侃侃諤諤《かんかんがくがく》の議論が行われることもあるが、その手の議論が生産的だったためしは一度もない。今日こそは生産的になると思ったが、やっぱりならなかったという落胆。それを隠し通すために、余力を使い果たすように混み合う終電で議論を再燃させているならば、私は彼らを心底憎む。表現者とは孤独だ、と聞く。一方、酒は孤独を紛らわす、と聞く。となれば、酒の飲めない表現者というのは、目の前にある孤独とストイックに向き合う者であると加点したくもなる。

下戸の世界を知ろうと、鈴木眞哉『下戸列伝』（集英社文庫）を開いてみると、世界を一新させた革命家にいかに下戸が多かったかが分かる。マホメット、チンギス・カン、西郷隆盛、ヒトラー、毛沢東……彼らは酒を飲まなかった。ドラマや小説に出てくる偉人の多くはハッキリと分かりやすい性格をしており、それを表すかのように豪快な大酒飲みであることが多い。「ガハハ」ととにかく騒いでいるが、歴史上の開拓者は、酒を飲んでいるヒマも隙もなかったのである。ナポレオンは酒よりも珈琲を好んだという。そりゃそうだ、これほど隙を見せてはいけない人はいない。彼が無防備に翌朝までゴミ箱に寝転がっていたら、歴史は変わっていた。世界の在り方が変わっていたかもしれない。

下戸は、体質的に酒が飲めない人のこと、に留まらない。酒を飲みたくない人も下戸と呼んでかまわない。このことは『下戸列伝』で明文化されているが、この誤解を正しておく必要がある。勝海舟の父親・勝小吉《かつこきち》や玄洋社の頭山満《とうやまみつる》もこのタイプ。「体質的に飲めないんで……」だけではなく「そんなに好きじゃないんで……」も下戸なのである。自分はこの後者に位置づけられるが、誰も下戸とは認めてはくれない。「こういうときくらい、いいだろ？」と、詳細の明かされない連体詞「こういう」が年に何度も強権を行使する。

ＡＬＤＨ（アルデヒド脱水素酵素）の体内の働きによって、お酒に強い・弱い、飲める・飲めないが定まる。これには遺伝性もある。「飲めないんすよ」に対して「飲めるだろ」を投げる連中は、万事を感覚や印象で片そうとするが、これは体質なのである。イイ年した大人が「ノリ悪りぃぜ」などと返してきたりもするのだが、無知も甚だしい。

イイ年した大人は、こんな冷静な記述も好む。

「かつては、部下を酒場に連れて鍛える上司はいたが、いまはそうした文化が乏しくなっている。このためか、最初からビールを飲もうともしない若者が増えている」（サッポロ幹部の発言・永井隆『ビール最終戦争』日経ビジネス人文庫）

「そうした文化」とは何事だ。それが文化だと、誰が決めたのか。「はい、俺です」という人がいるならば出てこい。この幹部の発言は、日本の文化が上意下達を基本とし、忖度《そんたく》を繰り返し、その伝統芸の保持を重視しすぎたがゆえに、人との関係構築能力が脆弱《ぜいじゃく》なまま育ってしまった証左ではないか。そしてそれは、なんといっても非・文化的である。場所によっては、酒を飲むこと自体が淫行と同様の恥じらいの中で語られる文化も存在するのだし……との極端な講釈をかますこともできるが、そういう素材だけを自陣に持ち込むのはフェアではないとは思う。こちらは別に、「酒なんて飲むな」と主張したいわけではない。どうぞご自由にお飲みください。ただし、飲まない人に向かって、「飲みなよ」「飲めないのかよ」「少しくらいはさ」的な強制をするな、これに尽きるのだ。

酒場は同調が渦巻く。ひとつの主張にまとまりたがる。定まった主張に参加を強制される。その場から、あぁもういやだ、こんなとこにいられっか、と抜け出す。んで、発散の場を自分の嗜好に求める。自分で表現してみる。酒で頭を麻痺させて「また明日やるか」を繰り返す連中に負けるはずがない。そうやって嫌飲酒・反飲酒から発動した文化は確実に存在するはずだ。サッポロの幹部が、「部下を酒場に連れて鍛える文化」と呼ぶよりも意義のある文化が生まれてきたはずなのだ。

秋元康作詞による、とんねるずの楽曲「一気!」はこう始まる。

「飲めぬ下戸には　ヤキ入れて　つき合い程度じゃ　許さずに　ビール　焼酎　ウィスキー」

広告代理店的アティテュード満開である。笑い事ではなく、人が死ぬ。電通「鬼十則」にある「取り組んだら放すな、殺されても放すな、目的完遂までは……」を思い起こす。

下戸にヤキを入れてビール、焼酎、ウィスキーを飲ませろという。こういう強権が、生まれるかもしれなかった文化をねじ伏せているのである。椎名林檎は東京事変の楽曲「酒と下戸」の歌詞をこう終えている。「この世の謙遜と色情に抹殺されろ」。そう、抹殺されてしまえばいいのです（酒を推奨しているようにも読み取れる歌詞ではあるけれど）。

下戸の表現者に話を聞きたい。あの人も下戸、この人も下戸といった断片情報はいくらでも転がっている（舘ひろし.など）。ただ、その人物を並べ、傾向を探っても致し方ない。すでに相応の名声を得た芸能人は、もはや下戸でも上戸でも構わないからだ。舘ひろしが「ちょっとオレはウーロン茶になるかもしれない」と言えば、彼はウーロン茶が許される。場合によっては全員がウーロン茶になるかもしれない。それはまた別の問題を含むけれど、確固たる立場にいれば「すみません」は要らない。下戸のアイデンティティが文化的に発露する場面と

は、今この時代にカルチャーシーンを揺さぶろうとする新たなる才能の養分としてであろう。深酒で麻痺させた自己ではなく、コンビニで買った1リットル100円の紙パックの緑茶を、微妙に短い、あと数センチの長さが欲しいストローで吸いながら自己と葛藤しているような人と、下戸について語り合う必要がある。取材終わりに飲みに行く必要などないのだから、集合は炎天下の午後2時。下戸論を飛ばし合うには絶好の時間だ。

その2　スカート・澤部渡インタビュー

「居酒屋ではなく、バーミヤンで語り合いたい」

お酒を飲まない人間は、いっつも、どこかしら申し訳なさそうにしている。自分がさほどお酒を飲まない人間なので、その申し訳なさ具合を見つけると、ぐいぐいと心を開いていく。そこにいる人たちを適当に見渡して、「とりあえずビール！」なんてテキパキ言えてしまう人がいつまでも理解しようとしない、あの申し訳なさ。

息を切らして会議室に駆け込んできた澤部が申し訳なさそうにする姿を見て、「間違いなくナイス下戸」と色めき立った。彼は、バンドを続けているといくらでも遭遇することになるらしい「飲めばなんとかなるみたいな空気」から必死に逃れてきた。スカートの澤部渡、清涼感のあるメロディに小さな屈折と確かな刺激を潜ませる音楽の創造主は、アルコール度数0％の微炭酸ミュージシャンだった。

スカート profile

1987年東京都生まれ。2006年、澤部渡のソロプロジェクトとしてスカートを名乗り、多重録音によるレコーディングを中心に活動を開始。2010年、1stアルバム『エス・オー・エス』のリリースをきっかけに活動を本格化。自身のレーベル、カチュカ・サウンズから4枚のアルバムを発表し、2016年にカクバリズムからアルバム『CALL』、2017年にはポニーキャニオンからメジャー1stアルバム『20/20』を発表。そのソングライティング・センスからNegiccoのKaedeや藤井隆、三浦透子、adieu（上白石萌歌）らへの楽曲提供、ドラマ・映画・アニメーション作品の主題歌・挿入歌・劇伴制作にも携わる一方で、マルチプレイヤーとしてスピッツや鈴木慶一のレコーディングにも参加。2020年6月、ポニーキャニオン内に新たに立ち上げられた傘下レーベルIRORI Recordsに所属、同年12月8th（メジャー3rd）アルバム『アナザー・ストーリー』を発売。

http://skirtskirtskirt.com

――ライブで対バンをすると、終わった後に出演したみんなで「飲みに行くぞー」なんて流れになるわけですよね。そういうとき、澤部さんは飲みに行かないんですか。

澤部　そうですね、基本的には帰りますね。お酒という緩衝材が使えないので、対バンしたみんなと仲良くなるのに、凄く時間がかかっちゃうんです。

――いつからお酒がダメになったんですか。

澤部　最初からですね。少しは飲めるんですけど、とにかく20歳くらいの頃、とっても暗い青春だったもので……。友達が全然いなくて、「飲むぞー！」みたいな雰囲気は自分の周りのどこを探してもなかった。しばらくして何かの機会にちょっとお酒を飲んでみたら、気管支が狭くなる感じがして体がたちまちおかしくなった。ちっとも楽しくない、もういい、コーラでいい、ってそのとき強く思って。以来、僕はドリンクバーで十分なんですよ。

――自分もです。友達とたくさん話がしたいときはバーミヤンでドリンクバーと決めています。

澤部　ですよね！　絶対にファミレスですよ。

――飲み屋って、とにかくうるさいじゃないですか。友達5、6人でじっくり話す状態が一番楽しいし、話も奥深く掘られていきますけど、飲み屋って、その数名ですら分断しちゃうじゃないですか。なぜなら、周囲がすさまじくうるさいから。特定の人と話さなきゃいけなくなる。だから、レッツゴーバーミヤンなんです。

澤部　異論なしです。なんでそんなに酒が欲しいのか。飲み会に誘ってくる人って、まだまだ壁があってそこまで仲良くない間柄であったとしても、飲めばなんとかなるみたいな空気を出してくるじゃないですか、あれがもう信じられなくて。

――みんな、壁を越えるために飲みたいらしいんですけど、壁があるから飲みたくないんですよね。

澤部　そうですよ。

――しかしですね、いわゆる企業社会って、たとえば取引先と「今日は無礼講だ～」とか言って飲めるだけ飲んで、次に会ったときに「いやーこないだはどうもでした」なんて言いながら、実際に壁を越えて仕事が生まれたりしてきたようなんですよ。

澤部　イヤですねー。細分化した現代なんですから、コミュニケーションだって細分化していいんじゃないでしょうか。

――「こないだのあの日、マジ酔いまくってて、ヤバかったぜオマエ」みたいな会話、ありますよね。あれ、ちっとも面白くない。

澤部　酒場のエピソードは面白い、みたいな前提は勘弁してほしいですよね。あと、僕みたいに体がデカいと、「飲めるっしょ」みたいな前提も出てくる。それはあなたの思い込みです！　バンドマンと打ち上げして、まあ1杯くらいは飲まないと、っていう状態になったときに「じゃあ、カルアミルクで」とか言うと、「そんな体型なのに」って笑われるんですよ。

――ひどい話です。自分はたとえ強いられる場面があったとしても1杯目からカシスオレンジです。お酒全体に漂う「シェアしようぜ」という発想って「とりあえずビール!」って掛け声に象徴されると思うんですけど、あの「みんなで」感を受け付けたくない。そういえば、あらかじめ澤部さんから送られてきたメールに、「酒豪に憧れるより、酒を飲まないほうがむしろパンクだ」とありましたけど、これは、その「みんなで」感への反旗と考えていいですか。

澤部　やっぱり「みんなで」より、少数派、弱者の視点があってこそのパンクです。ライブハウスの現場では飲む人のほうが圧倒的に多いので、そういう場で「オレは敢えて飲まない、そんなオレはパンクなんじゃないか!」と思うことで、なんとか辛うじて自分のプライドを守っているんです(笑)。

――ライブが終わって、みんなが居酒屋へ行くところ、ひとり「富士そば」に行く。そばをすすって、そのまま家に帰る。これが新しいパンクの在り方だと。

澤部　そうです。それに、酔ってる人って、なぜか肩組んだりハイタッチしたりするでしょう……。こうなると、どうしたって一定の距離をとりたくなる。

――中学時代、いわゆる青春パンクがとにかく苦手だったそうですね。その嫌悪感って、具体的にはどのようなものだったのですか。

澤部　「圧倒的に楽しそうだなぁ」って。でもね、これはひがみなんですよ。僕も楽しかったことは楽しかったけれど……。

――あのような雲ひとつない晴天、みたいな楽しさではなかった。

澤部　そうですね。でも、我々は曇天でも楽しくやれたんですよ。雨が降っていても構わない、そんな楽しみ方を持っていました。だって、ずっと楽しそうにしている人って、怖いじゃないですか。みんなで共有するひとつの目標があって、そこにみんなで群がっていく、この状態って、もはやファシズムですよ。もっと違う青春の姿があっていい。

――青春パンクのひとつの流れとして、悶々とした自分をさらけ出す、みたいな世界観もありますよね。ああいうのもイヤなんですか。

澤部　イヤです！　ブログでやってくれ、って思う。オレの、悩ましいがゆえの、ありのままの勢いを見てくれ、っていうのは酒と似ていますよね。

――いつの頃からか、音楽に限らず、表現されたものに対して「等身大」って言葉が使われるようになりました。つまり、ありのままを出しているよ、という報告が、最大の褒め言葉として使われている。受け取る側は「そのままさらけ出してくれているんだ」と喜ぶわけです。

澤部　気持ち悪いですよね。僕、レビューとかで「ハートフル」とか「等身大」って言葉があったら聴かないようにしていますから。

——でもその「等身大」に対しては、ファンがいっぱいついてくるわけですよね。チクショーって思いますか。

澤部　いや、それはもうしょうがないことです。僕らはマイノリティなんだって思って暮らしていくしかない。マイノリティだけど腐っているわけではない、これを一番大切にしたい。

——スカートを聴いている人は、そのマイノリティの在り方を、群がるのではなく各々で感知していると思います。そういう人って、見た目にメッセージを出さない気がするんですよ。

澤部　というと？

——極端な話ですが、金髪にしたりしない。ムキムキの筋肉にタンクトップ、とはならない。

澤部　もちろん、そういう金髪やムキムキにも聴いてもらいたいですよ。でも、それを強制しないでほしい。つまり、「お客であるこっちが『イエーイ』ってやってるんだから、ステージ上でも『イエーイ』ってやってくれよ」みたいな。

——正に、酒場っぽいやりとりですね。

澤部　確かにそうですね。あっ、だから、コミュニケーションを深めるときに、お酒を使うのが気になっちゃうのかもしれない。なにかの勢いを借りてその人のフィールドに突っ込んでいくのって、そもそもおかしいんですよ。だからやっぱりドリンクバーでいかに人とじっくり話せるかが大事になってくる。

――ドリンクバーは実に平和な環境を作ります。ホットコーヒーを飲んでもいいし、コーラでもいい。あんなに自由にメロンソーダを飲める環境はないですよ。バーはバーでもバーミヤン。バーミヤン側で音楽を作ってほしいんです。酒を止めればみんないろんな行動を起こすようになると思うんです。みんな嫌なこととか溜め込んでいるものを一斉に酒で流し込んじゃうわけですが、それを止めれば、「うおーオレ、何かしなきゃヤバい」となる。そうすれば、なにかしらの表現活動をするんじゃないか。

澤部　でも、自分には、自分がマイノリティだっていう自覚があるし、その自覚を持ち続けたいこともあって、みんな酒を飲まなくなればいいとは思えないんですよ。つまり、酒を飲んでワーキャーって騒いでいる世界があって、そうではない自分がある。

――コンプレックスを嗜んでいる、と。下戸がマイノリティである状況は変わらないでしょうし、そう考えると、下戸なのに音楽をやる、というのはコンプレックスの鉄板かもしれないですね。

澤部　マイノリティ同士の結束っていいじゃないですか。この間、旧友に久しぶりに会って、こちらが気を利かせたつもりで「今度、飲みに行こうよ」って言ったら、あっちが申し訳なさそうに「……オレ、飲めないんだよね」と言ってきた。思わず握手しましたね。

そのままジョナサンに行きましたもん。

——バンドマンだと、たとえば打ち上げの飲み屋にファンが来てチヤホヤされたりするでしょう。でも、ジョナサンやバーミヤンだとチヤホヤされないと思う。飲んでチヤホヤされたい、みたいな気持ちはないんですか。

澤部　ないです！

——そこに一点の曇りもないですか？　実はちょっとくらいチヤホヤされたい、というような。

澤部　考えたことないですね。「モテたい」みたいな気持ちも最初はありましたけど、それもポーズだったんですよ。バンドやること自体に心苦しさがあって、モテたいって言っておけば気持ちが整理された。高校生くらいだとパンクしかやる音楽がなかった。みんな、パンクが好きでしたから。どうすりゃいいかと思っていたら、モテたいってことにすれば、できるかなって。

——ところで、澤部さんのバンドを観に来るライブハウスのお客さんってのも、基本的にはみんなお酒飲みますよね。それについては……。

澤部　あっ、質問の答えじゃなくなっちゃいますけど、ライブハウスのドリンクチケット問題ってありますよね！　ソフトドリンクは300円で売っている、お酒は500円。でもドリンクチケットは500円ですよね、大抵。おい、この200円をどうしてくれるのだと。だからね、秋葉原のCLUB GOODMANは最高！　あそこは、ソフトドリンクだともう1枚ドリンクチケットをくれるんですよ。ソフトドリンクとお菓子、っていうチョイスもできる。

――それは素晴らしいですね。

澤部　酒が飲めない人にとっても優しい。音も最高、こんなに素晴らしいライブハウスはない！

――ライブハウスのカウンターで、ドリンクチケットを出して「コーラで」と頼むと、一瞬、「えっ、コーラかよ」みたいな顔されるじゃないですか。

澤部　分かります。屈強なパンクスの兄ちゃんがそういう顔をするんです。

――だから、ドリンクチケットを分けてほしいですね。ドリンクチケットとアルコールチケットに。

澤部　「コーラかよ」「甘い酒かよ」みたいな突っ込みはいらない。酒が飲める・飲めないに、人生や人格を絡めないでほしい。もっと別の物差しで見てくれって思いますよ。

――下戸って言葉も、「下」って書くじゃないですか。なんか卑下している言葉なんですよ。

澤部　見下されていますよ。酒飲まないだけで見下されるなんて……。

――だから、「オレ、飲めないんだ……」を「オレ、飲まないんだ！」に変えていかないといけません。その上で、まあ、たまになら飲んでもいいけどね、って。この主張、誰に向かって訴えればいいんだ……。

澤部　広告代理店辺りですかね。

——あっ、そうですね。結局、「イエーイ」とかやってる極みは、広告代理店ですよ。超・体育会系社会の中で大きい仕事をまとめるときに、「イエーイ、ヨロシクー」とやっている。これがいけない。電通や博報堂の連中が、「ふー、仕事終わった。じゃあ今日もみんなでバーミヤンに行こう」ってなれば、世の中変わりますよ。

澤部　そう、大事なところで酒を使うのをやめてもらいたい。話すなら、ルノアールで3時間くらい話し込みたい。

——そうですよ、ルノアールです。頼んだ飲み物を飲み終わったタイミングで緑茶も出てきます。澤部さんにお願いがあります。80年代のMTV、そして以降のヒップホップのビデオって、高級車に乗って金ジャラのネックレスでオンナはべらせてバーに入るっていうPVが多かったですよね。澤部さんには、あの逆をやってほしいんです。外車に乗らない、ネックレス付けない、バーには入らずバーミヤン。同じバーでもバーじゃない、バーミヤンです。バーミヤン側で音楽を作ってほしいんです。

澤部　分かりました（笑）。ひがみなんですけど、お酒を飲んでいる人たちはどうやらいつも楽しそうにしている。こっちはたまにしか楽しくないぞ、っていう。普段、寂しいじゃないですか。寂しいなら寂しい。そうでもない人はそうでもない。このことを歌わないといけない。

――でも、それを考えちゃうと、とにかく悶々として、家で体育座りすることになる。

澤部　分かります。家の部屋のカドを見つめてたら4時か、って。

――その後、天井の模様を見つめてたら6時かって。でも、スカートの音楽が、部屋のカドを4時まで見つめている人に、ちょっとの明かりを灯せるものであったら、それは晴れ渡る青空を共有するよりも、もっともっと豊かなことですよね。

澤部　そうですね。だから、どっちが上か下かじゃなくて、微妙なコントラストの中で生まれてくるものを大切にしたいんです。

――誰かに向けてではなくて、自分の音楽を外に向かって投げたら、思わぬ人の体の中にすっと入っていく、というのは素晴らしいですよね。酔って記憶をなくすのではなくて、そうやって人の心に入り込んでいく、下戸なりの音楽を期待しています。

澤部　はい。人生って、そんなに楽しくないぞ、でもいいこともあるぞ、ってことを正直に歌っていければと思っています。


下戸は、上戸に比べて、悩む時間が多い。だって記憶をなくしている時間がないからだ。忘れてしまっていいこともすべて覚えているし、育てる必要のない悩みの種にも水をやってしまう。不器用だが誠実だ。澤部と話していてそのことを強く思った。

その3　今こそ、下戸の反乱を

泥酔者がよろしくやっている盛り場を、爽健美茶をチビチビ飲みながら歩いていると、飲み屋の窓に貼られた「男前ビール」とのチラシが目に入る。大ジョッキの2倍くらいある巨大なジョッキだ。男ならこれくらい飲んでみろ、との主張らしく、アルコールハラスメントとマッチョイズムが掛け合わされた、酒文化の悪しき部分を濃縮した一品である。そもそも男前に対応する女前という言い方が聞こえてこないのだから、この男前なるスローガンは男という性別の優位性をほのめかしている。とはいえ、男前枝豆や男前たこわさびくらいなら挑戦してやってもいいが、男前を測るのはビールだけなのだ。

万事をファミレスであだこうだ議論したい人間のメンタリティからすると、あまりにも簡単に「男前」を被せて性差を片付けてしまうやり口がその都度信じがたい。「んじゃ、男前ビールをっ！」「ヨッ、男やね！」なんて騒いでいるのだろうか。穴があったら入ってほしい恥ずかしさだが、入ろうともしないだろうから、こちらが代わりに入りたいほどの心地である。

角田光代・三浦しをん・島本理生の3名による鼎談「居酒屋で語らう」（『野性時代』2009年4月号）を読む。読むと飲みたくなる本を挙げるなどした後、女性作家3人がこのような会話を続けて鼎談が終わる（傍点引用者）。

角田　私の印象として、物書きの女性は、ザルというか、体育会系の大酒飲みが多い。
三浦　あと、もの食う人が多い。
島本　たしかに！
角田　でも、なぜだろう？
三浦　一つ思うのは、男の人と優雅にカランと可愛く飲めたりする女性は、物を書かなくても、いくらでも幸せになる道が開けるからじゃないですか。
角田　……今、すごい怖いこと言ったよね。
島本　でも、正しいと思います（笑）。

三浦が言う「優雅にカランと可愛く飲めたりする女性」という表現には、相当な毒素が盛り込まれている。「カラン女子」は、先ほどの「男前ビール」と仲睦まじい。「男前ビール」を飲む男子に向かって「キャー」とか「すっごーい」などと過剰に手をパチパチさせ、自分が飲むのは優雅にカランと甘いカクテルにとどめておく女子。「カラン女子」は自分がカランにとどめることで、単なるビールが、男前に浮上することを知っている。だからこそ率先してその構図を作る。「可愛く飲めたりする女性は、物を書かなくても、いくらでも幸せになる道が開ける」との分析を具象化するように、男前ビールとカラン女子は意気投合するのだ。

女は男の酒を注ぐもんだ、なぜならばそういうもんだから、と勇む連中はまだまだいる。言葉を選ばなければ、そういうバカがまだいるのだ。しかし、なぜあの慣習が成り立つのかと言えば、男性に注ぐことを渋々ながら了解し続けている女性がいるからとも言える。

今、お酒業界が最も力を入れているのは、いわゆるF1層（女性・20〜34歳）である。メディア・シェイカーズがまとめた「キャリア志向の強い女性の飲酒実態」調査によると、キャリア志向の強い女性ほど飲酒の傾向が高いという。お酒を飲む理由として10項目の調査があり、それぞれについて「F1層全体の数値」と「キャリア志向のF1層に限った数値」が比較されているのだが、F1層全体では「ワイワイ楽しくするため」「仲の良い友達と話をするため」の数値が高い。あくまでも自分の楽しみとしてお酒を飲んでいる。一方で、キャリア志向のF1層の数値を見ると、「日頃のつき合いを円滑にするため」「自分にとって有益な情報を得るため」などの割合が高まる。「カラン女子」はここに可視化されているのではないか。カクテルや甘い缶チューハイのCMには流行りの若手女優が出るケースが多いが、それはその世代をターゲットに決めこんでいるからこそ。「カラン女子」が酒の場に参加させられるのは、男性社会を理解し、これが「円滑」や「有益」であると信じ込まされるからなのだ。本当にそれでいいのだろうか。

前項の「天然パーマ」で、天然パーマ文学の最高峰として大道珠貴『しょっぱいドライブ』を挙げたが、ならば今回は下戸文学の最高峰を紹介しておく。絲山秋子「下戸の超然」（新潮文庫『妻の超然』所収）だ。繊細に匂い立つ自負を緻密につないでいく描写が好きで多くの絲山作品を読んできたが、下戸についても静かに向き合ってくれる。

地元・茨城の家電メーカーに就職した広生が下戸だと気付いたのは大学に通い始めてからのこと。

「下戸というのは、周囲の人ではなく自分自身にとって面倒なことだ」

一方、飲んだくれる人に対してはこう思う。

「しかしいつまで飲むつもりなのか、平日なのに。野球の試合だって三時間か四時間で終わる。だが飲み会はいつ終わるかわからない。わからないことが苦痛だ」

「酒飲みや嫌煙は思想とすぐに結びつくけれど、下戸は思想とは全く関係ない。健康問題でさえない。健康のために酒をやめる人はいるけれど、下戸はそもそも何もやめていないのだ。部外者と言っていい」

思わず本の中に向かって手を差し出したくなる。広生は合コンに何度か参加するも下戸に理解を示してくれる女性は少なく、下戸をますますコンプレックスとして抱えてしまう。その頃に出会ったのが同じ会社の美咲だ。美咲は、広生がパズル雑誌に投稿を繰り返していた常連さんだと知り意気投合。彼女は下戸ではなかったが、「下戸の僕に気兼ねをせずにスマートに注文してくれることがありがたかった」。

内容をだいぶはしょってはいるけれど、そのふたりの間に、微妙な軋みが生まれてくる。下戸の広生は「僕はあらゆる不毛なことが嫌いだ。それを避けるために自分のできることとできないことは把握していたいし、一番近くにいる人にはそのくらい伝えておきたい」と、彼女に伝えたがる。しかしながら彼女には、彼のその姿が、あれはダメこれはダメと選り好みしているだけの細かい男に思えてくる。彼女は気づく。お酒が飲めない、ってのもその表れだ、と。本当は飲めるかもしれないのに、飲めないと思っているだけなんだよ。そんな人とは将来……と口ごもる。「何でもかんでも将来に結びつけるな」と彼。「そうやっていつまでも超然としてればいいよ。私は、もう合わせられないけど」と彼女。別れを告げてホテルのバーを出ていく背中に向かって彼は「変わるよ、改めるよ、なんでも努力してみるよ」とは言えずじまい。

どうすればいいのでしょう、下戸のみなさん。「超然」とは「物事にこだわらず、平然としているさま。世俗に関与しないさま」とのこと。彼女曰く、下戸＝超然の象徴だというのである。この断定に対して、下戸は毅然と立ち上がることができるだろうか。それができなければ、いつまでも「男前ビール」「カラン女子」的構図、そしてそれに伴う動作が「世俗に関与する」ことの代表として蔓延《はびこ》ってしまう。いいや、下戸は物事にこだわるし、平然としてなんかない。

ならば一癖ある下戸魂を知らせる。日本画家の巨匠、横山大観はほんの少しのお酒で顔を真っ赤にする下戸だった。しかし師匠である岡倉天心がとにかく酒好きだったため、必死にお酒を覚えたという。まったく酷である。大酒飲みっぽい「大観」との名前が悪かったのだろうか。あるいはイイ人っぽく見える「天心」との名前が悪かったのだろうか。画家・藤田嗣治は、生涯下戸を貫き通した。20代後半からパリに渡った彼は、下戸であるがゆえに社交場からいそいそと帰宅し、作品作りに没頭したという。これぞ正しい下戸だ。

画家がそうならミュージシャンはどうだ。長渕剛、泉谷しげる、クレイジーケンバンドの横山剣、彼らは全員下戸。つまり、(性質は異なるけれど)ミュージシャンの中でも暑苦しいメッセージを届けてくれるこの面々は、酒を飲まないことで創作への純度を、熱量を、高く保ち続けているのだ(ということにしたい)。絲山の小説で美咲が言うように下戸が超然だと言うならば、このミュージシャンたちも「物事にこだわらず、平然としている」ということになる。「俺の、俺の、俺の話を聞けぇ〜」。しつこいじゃないか。こってりしている。

長渕剛「乾杯」の歌詞を読み返すと、なにで乾杯するべきかは一切書いていない。実は、酒を匂わす単語は皆無なのである。「遥か長い道のりを　歩き始めた　君に幸せあれ!」。

この丁寧なメッセージは「とりあえず乾杯しちゃいますか」という心性とは異なる。今そこで泥酔している上司はそういうことを言えない。泥酔する上司は、長い道のりを歩き始めた誰かの後ろ姿を見つけても、「幸せあれ」と送り出せずに「おい、こっち向け」とか言う。注ぐように強いる。いつまでも何かを強いる。

男と女がアナログに交差する演歌の世界観では酒が必須だ。酒と泪《なみだ》と潮風が近距離で戯れればスムーズに1曲仕上がる世界だ。あれはカルチャーなのか、伝統文化なのか。そういった言葉とは距離のある、自治会・町内会的な結託の生成である。酒は、決まりきった内輪に情感を注ぎまくることを得意とする。ただ、それ以上でも以下でもない。

日本を代表する大物俳優を挙げよ、という問いかけをしてみればこんな会話になるだろう。「まずは高倉健」「異議なし。でもやっぱ三國連太郎」「いいや、田中邦衛だろう」「確かに。ちょっとコミカルな演技もできる津川雅彦や小林稔侍だって大物でしょう」「舘ひろし!」「いいや、今は水谷豊でしょう」「おい、時任三郎を忘れるな」と、日本の男性大物役者を並べていく。はい、この8人のうち、何人が下戸でしょう。正解は8人全員。男の円熟味とは、決してバーのカウンターでは生まれないのだ。むしろ、バーはバーでもバーミヤン側で生まれるのだ。澤部へのインタビューの内容を繰り返す。本物の表現者はバーミヤン側にいる。何度でも繰り返したい。

ただ飲めないだけで「えー飲めないのー」という軽い人格否定を浴び続けてきた下戸の

人々。そう投げかけた連中は、ほんの軽い気持ちで言っただけかもしれない。でも、下戸の当人はその「えー」「マジでー」「がっかりー」をそれなりの負荷として体の中に積み上げてきた。連日連夜、酒で発散し、諸々の負荷を忘却の彼方に追いやってから次の朝を迎えている人にはない堆積物である。これが創作に活かされる。下戸が抱える負荷を表現に転化する。「俺はやるよ!　やってやるよ!」とへベレケに理想を語る深夜の喧騒をひっくり返すために、紙パックのお茶やピルクルで黙々と何かに没頭している誰かの部屋から生まれるものをこれからも信じていきたい。

第3回

解雇

その1 「明日から来なくていい」と言われたので

麻布十番と六本木の間にある、音楽番組の制作会社でアルバイトをしていたのは15年近く前のことになるが、制作プロデューサーがあるADをクビにする場面に遭遇した。クビにする、は正確ではない。新たに生じる仕事が純度100％で理不尽、という環境下でストレスが限界値を超えたADがプロデューサーをグーで殴り、殴ったその手の遠心力を活かすかのように、そのまま駆け足で会社を去っていった。しばらくして自分の携帯に電話がかかってきて、か細い声で「ごめん。あとで俺のデスク周りのもの、全部段ボールに突っ込んで、送って」との指示を受けたのだった。電話の切り際に「あと、今までありがとね」と更にか細い声で添えてくれたことは大切な思い出。

小さな体でパシリ仕事ばかりやらされていた彼は、映像作家になりたいと常々言っていたから、作家性の欠片《かけら》もない、どこまでも続く雑務にさすがにしびれを切らしたように見えた。その後、「あのとき、プロデューサーを、ギャフンと言わせてやろうと殴っちゃいましてね」と武勇伝を語る彼の姿を見かけたことはないのだけれど、解雇覚悟のグーにはこの上ない気合が漲《みなぎ》っていた。無防備の人の顔にグーパンチを浴びせると、人の顎は「カポッ」とコミカルな音を発することを、そのとき初めて知った。

解雇とは、他人主導で自分の道程が絶たれる、誠に残忍な振る舞いである。しかし、そこから立ち上がろうとするとき、人は「他人にどうこう言わせない、自分ならではのモノ」を必死に探り、周囲に見せつけようとする。

ヘヴィメタルバンド、メガデスのデイヴ・ムステインは、メタル界随一のバンド、メタリカの黎明期に在籍していた。1983年の春、いざ初めてのアルバムのレコーディングのためにニューヨークへ赴くと、その場で解雇を通告され、地元へ帰るためのバスに乗せられてしまう。バスのチケットが用意されていたのだ。バンドが花開こうとするメジャーデビュー直前の出来事だった。

あらかじめ書面や電話で伝えずに、一旦集合させておいて、帰りのバスチケットを渡す、という用意周到な解雇だった。後に公開されたドキュメンタリー『メタリカ　真実の瞬間』で、この解雇についてデイヴは「親の死よりも辛い体験だった」と涙ぐみながら振り返っている。ようやく辿り着いたスターダムへの入口で、前へ踏み出す切符ではなく帰りの切符を渡される。生涯体に居残ることになったキズは、その後の音楽活動のエネルギー源にもなった。日本のファンからは「メガデスはいつまでも〝芽が出ず〟」などと揶揄《やゆ》されもしたが、今では大きな成功を手にしている。帰りのチケットを渡されたメタリカの面々とも、2010年にステージ上で共演している。練りに練られた解雇は、雪解けまでに30年近くの時間を要したことになる。

ロックバンドには、このような理不尽な解雇がいくらでも存在する。ザ・クラッシュのギタリスト、ミック・ジョーンズは「時間にルーズ」という情けない理由でクビになったし、超高速ギタリストのイングヴェイ・マルムスティーンは、「自分の嫁さんとイチャイチャしているから」という理由でボーカリストをクビにした。大友康平が率いていたHOUND DOGは、メンバーの解雇から派生し、バンド名の使用をめぐる訴訟騒ぎまで起こしている。大友以外のメンバーが自らを「新生ハウンドドッグ」と称し、「We are the Hound Dog」なる曲を作ったというのだから、解雇に始まる泥沼化のサンプルである。

大物カップルが離婚を決意した際にひとまずFAXに綴ってみる「お互い成長するために、別々の道を歩むことにしました」に匹敵するほどのマジックワード＝「音楽性の違い」の中には、こういった乱雑な解雇事案も多く含まれている。事実、HOUND DOGからクビを切られた3名は携帯メールでクビを宣告されたという。「了解です(。v_v。)」とポップな絵文字で返信するわけにもいかない。

「解雇」を考えるとき、表現活動とは全く無縁な何がしかの職業をクビになり、解雇の反動で表現活動を本格的にスタートさせた事例についても考える必要がある。組織にがんじがらめになるサラリーマンは、表現者の仮想敵として設定され続けてきた。ああそうだよ、オレは社会の歯車だよ、と居直る態度を見下すのは、表現者のスタンダードと言える。たとえば、組織で働く者の多くが強いられる「満員電車」は、音楽家にとって格好の表現対象だ。

「今日も始まるのさ　頭を下げて上げて　圧力に屈せず満員電車」（在日ファンク「ダチ」）「満員電車で汗をかいて肩をぶつけてるサラリーマン　ため息をつくなら　ほかでついてくれ」（中島みゆき「時刻表」）というように。

高度経済成長期のサラリーマン群像を小説として書きベストセラー作家となった源氏鶏太は、『新サラリーマン読本』（新潮文庫）でサラリーマンを残酷に定義している。「これくらい楽な職業は、他にないのである」「組織化されたシステムの中にあって、先例を踏襲して事務を執っていれば、ちゃんと、月給が貰える」「サラリーマンの仕事そのものは、他の如何なる職業の場合よりやさしい」。当時から雇用形態は激変しているが、会社に勤めることが「先例を踏襲して事務を執っていれば、ちゃんと、月給が貰える」を約束することに変わりはない。その約束に変化が生じないから「圧力に屈せず満員電車」に乗るのだ。

浜田省吾は「WHAT'S THE MATTER, BABY?」の中でこう歌っていた。「発狂した為替レート　噂ではこの秋10％解雇　無表情装って　急に誰もが無遅刻　上司の言葉に

Yes Yes Yes」。解雇をチラつかされても先例を踏襲し続ける「Yes Yes」の滑稽さを歌い上げた。泉谷しげるは「10％のブルー」で「まさかのオレがクビになる　働けないカラダじゃないぜ　誰がリストにのせた　数の力はスティタス」と歌う。とにかくシンプルな構図である。どこかに所属して働くということは、こういった既存の構造から投じられる理不尽を精一杯許容しなければいけない。マジ理不尽、でも、安定は保たれる。解雇は、過度の理不尽がいよいよ安定を乱す段階。これほど分かりやすい窮地もない。

ものまねタレントとしてブレイクした後、今では女優業もこなしている福田彩乃は、トヨタ系列の企業で派遣社員として働いていたが、リーマン・ショックの影響を受け、派遣切りに遭った。致し方なくハローワークに通う日々が続き、ネットで仕事を探す最中にオーディションの告知を見つけた。『笑っていいとも！』に出演した福田が応募した理由を語っている。

「（オーディションの）グランプリ獲ったら賞金100万円って書いてあったんですよ、まぁ職を失った私としては大チャンスですよねぇ、生活の足しにできるかなと思って」

オーディションはあくまでも生活のためであり、生活のためのものまねだったのである。解雇から致し方なく始まる表現活動があってもいい。解雇ではないけれど、沢木耕太郎が要所要所で繰り返し伝える、就職先へ初出勤する途中の信号待ちのときに退社を決意したエピソードは、ある組織から途端に離れた（離れざるを得ない）ときに、表現することを本格的に画策し始めることを教えてくれる。
24歳のときに「生きるなんてどうせくだらない」と遺し、団地から飛び降り自殺した漫画家の山田花子は、アルバイトしていた喫茶店を解雇された。「何とかもう一度雇ってほしい」と懇願し、店を離れようとしなかった山田は「みんなが私をいじめるの」と訴えた。解雇通告後、アルバイト先の最寄駅ホームに放心状態で佇んでいるところを警察に保護されたという。

働かざるもの食うべからず、との形容を好むのは曽野綾子だが、その手の話者が、働いていないものを社会不適合者と急いで定めて苦言を呈する姿勢がとにかく嫌いだ。「社会システムに適合する者が正しい者なのだ」という前提を活性化させようとする表現者を信じたくない。社会不適合者との言い方が指し示す「社会」とは、要するにサラリーマン社会の堅持だ。山田花子のような人に対して、サラリーをもらう仕事に就けばいいのに、みんなそうしてんだから、と強要する社会に、不適合なままで居続けたにすぎない。『踊る大捜査線』シリーズを手がけた本広克行監督は「映画の世界に飛び込んだきっかけは？」との問いに「アルバイトで入った映画の製作会社で、クビになったんです。バイトでクビってよっぽどだな、と落ち込んでいたら『嫌々仕事やってるからだよ』って先輩に言われたんです。（中略）次に入ったテレビの制作会社では、プロデューサーに『僕は30になったら映画監督になります！』って言い続けました。（中略）そして29歳で本当に映画監督になれた」と言う（「DODAチャレンジ」ウェブサイト）。本広は、解雇をバネに花を咲かせたのだ。

ふと思い出し、CD棚からブルーハーツの作品を取り出す。曲名は「平成のブルース」。その後半にこんな歌詞があった。「お金があったら社長もこわくねぇ　お金があったらサセンもこわくねぇ　お金があったらクビもこわくねぇ」。クビになると真っ先になくなるものは自尊心だが、恒常的になくなるものはお金だ。そのお金を自尊心と共に取り戻すために表現活動を行う。

しかし、金も自尊心も、とそんなにうまいこといくものだろうか。本当のところを知りたい。所属事務所から契約を打ち切られた後に俳優としてのキャリアをきっぱりリセットし、ネット上で自由気ままに自己表現を撒き続けているあの人に、「解雇、そして、その後の表現活動」というデリケートな案件について話してもらうことにした。

その2 ハイパー・メディア・フリーター 黒田勇樹インタビュー

「ふりかかってくることって、ふりかかったあとにしか分からない」

この本を読む手を止めて、ハイパー・メディア・フリーター・黒田勇樹のウェブサイト「黒田運送（株）」を覗いてみてほしい。「なんかすごいことになっている」なんて感想が的確だろう。

今、確認している時点では、右のほうに「犬人間ブラ男登場」と題した4コマ漫画が掲載されている。「ぼくの名前はブラ男」→「犬と」→「人間のハーフだ。」→「オチはまだ、無い。」との内容を理解するのは容易ではない。次ページのプロフィールにあるように、幼少期から俳優として高い評価を受けていた彼が、なぜ「なんかすごいことになっている」のか。解雇された経験に鍵があるのでは、と勝手に決めつけて、インタビューに臨んだ。

COMPLEX

黒田勇樹 profile

1982年東京都生まれ。幼少時より俳優として活躍。主な出演ドラマ作品に『人間・失格　たとえば僕が死んだら』『セカンド・チャンス』（ともにTBS系）、『ひとつ屋根の下2』（フジテレビ系）など。山田洋次監督映画『学校III』にてキネマ旬報新人男優賞などを受賞。2010年5月をもって俳優業を引退し、ハイパー・メディア・フリーターと名乗り、ネットを中心に謎の活動を開始。2012年3月には自身のことを記録した『非俳優生活100days』（青土社）を刊行。2014年、「俳優復帰」を宣言し2年間で12本の舞台に出演し、一部の作品では脚本や演出も担当。ワークショップの講師を務めるなど後進の育成も積極的に行っている。また自身の監督作品『恐怖！セミ男』がゆうばり国際ファンタスティック映画祭に出展されるなど、映画監督としても活躍中。http://yuukikuroda.com

――今回、「解雇」というテーマで話を聞いていきますが、黒田さんは、2010年に芸能事務所を辞められました。その後の経緯を綴った本『非俳優生活100days』（青土社）は、「事務所との契約が切れた。事実上の解雇だ」から始まります。辞めたのではなく、辞めさせられたんですね。

黒田　俳優さんって、全員自営業なんですよ。ほら、冬になると「確定申告に行きましょう」って、女優さんが窓口でニッコリしているポスターが貼られるでしょう。あれはみんな、自営業だからなんですよ。ほとんどがマネージメント契約を結んでいるだけで、会社員として雇われているわけではない。僕の場合、仕事が減ってきていたこともあって、「このままの条件では契約は更新できない」と会社から提案されたんです。このままでは……と言われた場合って、俳優にとってはほぼ解雇と同じ状況なんです。受け入れて辞めることにしたんです。

――どの芸能事務所のウェブサイトにも所属タレントの一覧がありますが、よく知っている人は1列目、2列目くらいのもので、下にスクロールしていくにつれて全く知らない人が次々と出てきますね。こういう人たちは、来年の契約がどうなるかって毎年戦々恐々としているものなんですね。

黒田　していると思います。でも、おかしいんですよ。だって、自営業なのに、自分では営業ができないんですよ。自営なのに、全部会社を通さなきゃいけない。

――どこかで誰かと意気投合して、一緒に仕事しましょう、となっても……。

黒田　事務所がダメといえばダメだし、イイよ、となればパーセンテージを持っていかれる。この職業のつらいところですね。僕の場合、辞める1年くらい前に体を壊して舞台を降板してしまい、そうすると仕事が減ってくる。来年の契約って前年度との比較で決まってくるんで……。

――えっ、なんだか営業マンみたい。

黒田　そう、完全にそう。でも、自分では営業が一切できない（笑）。

――黒田さんは子どもの頃から芸能界で活躍されてきた。事務所を辞めて、定職を持たないまっさらな状態になるのって、人生初だったわけですよね。そのまっさらな状態を前にしたとき、真っ先に何を感じましたか。

黒田　でも、実は仕事が減った時期から、バイトをしてたんですね。そのバイト先で、昇進を持ちかけられていたんです。すでに主任になっていたんですけど、更に昇進しないかって。

――まっさらというよりむしろ、「もっと働いてくれ」という環境に置かれていたんですね。ちなみに、コールセンターのクレーム処理のようなお仕事をされていたとか。

黒田　そうですね、オペレーターさんに指示を出したり、この人ではもう対応できなそうだなという電話であれば「上司の黒田です」って出たり。これが人並み以上に巧かった。

一方的なことを言っているのに、さも謝っているかのような空気を出す。俳優時代の仕事がここでいきましたね（笑）。

――たとえば、ミュージシャンであれば目の前にお客さんがいる、絵描きだったら目の前で絵を買ってくれる、でもテレビの中にいる俳優さんは、直接お客さんからお金をもらうわけではない。目の前にお客さんがいるわけではない表現の世界でお金をもらう、ってどういう感覚だったのかなと思いますが、それを説明することはできますか。

黒田　うーん、でも逆に僕はそれしか知りませんでしたからね。バイトを始めてみて、何時間働いてこれ、というのが生臭く分かる経験はよかったですよ。時給、って分かりやすいですよね。でもまあ、コールセンターと同時期にバイトしていた引越屋やポップコーンの仕事はもうやってなくって、今はもう、来月の自分がどういう立場にいるのか分からない状態なんですけど。

――その来月どうなるか分からないというリスキーさが、Twitterにしてもブログにしても、黒田さんの文章には溢れていますよね。

黒田　バイトをしていると月末にシフトを出すわけですが、その1ヶ月のバイトをしている間に、2本くらいテレビの仕事が急に入るとする。正直、そっちに行ったほうが給料は高いんですよ。でも、そっちに行くべきでも、代わりにシフトに入ってくれる人がいないから、10万の仕事を断って8000円の仕事をしなければいけなかったり。

――事務所を離れ、ひとりになった。そのときに、あっ、こういう表現活動をしようと真っ先に思ったこととは何だったのか、そしてそこにはどんな狙いがあったのでしょう。

黒田　週刊誌に「黒田勇樹の転落人生、今は引越屋でアルバイト」というような記事をスッパ抜かれたんですよ。でもまあ、本当はコールセンターの主任だったんですけどね（笑）。引越屋は、週末酒飲んでいる時間が不毛だなと思って、体力作りのつもりでやっていただけ。だから、そう書かれたときに、「あー何か違うなー」って思った。せっかくなら「俳優は辞めてるけど黒田勇樹は元気だよ」って思ってもらいたいなって。週刊誌に載ったとき、父親に言われたんですよ、「どんな形であろうと、人に注目されたときはチャンスなんだから、何かしなさい」と。だから、自分の書いたことを本にまとめようとした。「辞めても元気だよ」「人が言うような落ちぶれたことしてないよ」って。あと、事務所を辞めると知り合い経由で来る仕事が多くなって、そうするとどうしても断りにくくなってしまうので、ホームページを作り、直接連絡を取れるようにした。そこで仕事を跳ね返そうと思ったら、なんか色々面白い仕事が入るようになった。だからね、ほぼ受け身なんですよ。

――そうやって、よし、もう一回立ちあがろうってなったときに何をするかというと、黒田さん、カレーを作ってみんなに振る舞うイベントをやられた（『僕と黒田と勇樹と俺と、部屋とYシャツとカレー。』２０１１年3月26日at新宿ネイキッドロフト）。相手のパンチをかわして、全く違うツボを押しちゃう。

黒田　ハイパー・メディア・フリーターって言い方もそんなところがあって、辞めた当初、僕はもう俳優じゃない、今はフリーターだって言ってたんですよ。そしたら、じゃあ、ハイパー・メディア・フリーターですよ黒田さんは、って言ってくる人がいて、おっ、面白いなと。そう名乗り始めたら、活動が徐々にハイパー・メディアっぽくなってきた。

——名前が先。

黒田　そう。何がハイパー・メディアなのかは未だに分かりませんけどね。

——ハイパー・メディア・クリエイターと言われている人がいましたけれど、その人よりも「ハイパー・メディア」な気がしますよね。まぁ、何となくですが。

黒田　これも受け身。辞めたら、いろいろついてきた。Ustreamの番組をやり始めたのも、無職になったとき、「無職だ、やべーよ」ってTwitterでつぶやいたら、番組をやってほしいっていう意見があったから始めただけ。そしたら、いしだ壱成君とか、オウム真理教（現・「ひかりの輪」代表）の上祐（史浩）さんとか、ただのフリーターとか、着ぐるみとか、まぁいろんな人が来るようになった。

——フットワークは軽い、でも徹底的に受け身、っていうのが面白いですね。

黒田　歩くの止めると足がもつれてコケるじゃないですか。だから、どこかにぶつかるまでは、よろよろでも歩き続けようって思いましたね。

——今、政治家でもタレントでも、一度コケたら立ち上がれないようなシステムという か、世間の声が一斉にぶつけられるようになっています。その悪意に屈して謝ったり雲隠れしたりする。でもそのときに、よろよろでも歩いちゃう、という黒田さんの選択は、視界を広げますね。

黒田　よろよろって、面白いですよ。あるべきところに辿り着くんですよ、たぶん。水槽の中の砂をザクッと取ると、真ん中がくぼみますよね。でも水槽の横からトントンって叩くとまた平らに戻るじゃないですか。そんなイメージ。今は、仕事もなくなってしまって、これから先どうなるか分からないけど、なるようになる、はずです。

——今一番、やっていて楽しい表現活動ってなんですか。

黒田　今は……あんま楽しくない。人前に出たくない。でも最終的には映画を作りたい。そのレールに自分を戻す方法が思いつかなくて、足がもつれて、どこかにぶつかるのを待っている状態ですね。

——演じる側ではなく、映画を作りたい、との思いはどこから出てきたんですか。

黒田　俳優さんって、その役に入り込むことで自己表現をするんですが、僕、それが苦手で。むしろ、この監督さんは何を表現したいんだろうっていうのを優先させて、そこに対する最高のスタッフになりたかった。だから、昔から、いつかそっちをやってみたいなって思いがあったんですね。

──自分の思いを入れずに演じきる。それってプロフェッショナルだった、とも言えますよね。

黒田　うーん、でも、管轄はできませんからね。とにかく今は自分管轄でできるメディアがある、というのが面白い。面白半分ですよ、ちょっかいを出している。

──黒田さんの「ハイパー・メディア」って日本語訳すると、「すごい媒体」というより「ちょっかい」みたいなところがありませんか。

黒田　ちょっかいに徹するって決めたんですよ。今このちょっかい出せるのオレしかいないぞって、ちょっかいを貫く！

──以前、石原慎太郎都知事が無責任な辞め方をしたときに、黒田さんは「え、都知事って途中で辞めれんの」とつぶやいていた。これが「都知事を途中で辞めるなんて無責任だ！」となれば主義主張になってしまうけれど、このつぶやきだと、「ちょっかい」なんですよね。

黒田　糾弾するつもりはない、でもみんなにそうだよなって思ってもらいたい。ひたすらそれをやりたいんですよ。塩谷瞬君が「結婚しよう」って言うと叩かれるけど、高田純次さんが「結婚しよう」って言っても誰も叩かないじゃないですか。言ってる字面は全く同じ5文字なのに。そういうのをみんな同じ土俵に乗せちゃいたい。俳優やってると、自分が皆と同じ人間って思われない。それがイヤだった。特別な人間だと思われていた。今、一般人になって、政治やってる人も俳優やってる人も、基本的に同じ人だとようやく分かった。あなたたちのように傷つくし、同じように喜ぶ、それを伝えたい。

——黒田さんの現在って、さっきの話から引っ張れば、塩谷瞬にも高田純次にもなれる、サイドステップでどちらでもいけちゃうっていう抜群の自由度を持ってますね。

黒田　そうなんです。せっかく手に入れたこのあやふやな位置を守りたい！　ふりかかってくることって、ふりかかったあとにしか分からない。今は、ふりかかってきたことをどう好転させるかです。無職のときにやった一番面白い仕事は、高校生の進路相談の講演。僕、無職なのに（笑）。僕は高校生に言いました、「君たちはハイパー・メディア・フリーターになってはいけない」って。それも俳優辞めたから言えたことなんですよ。すっかり楽になっちゃったせいで、次に何をやっても、やめちゃえばいいって思うクセがついちゃう。だから、ぶつかるまでやってほしい、って言った。

——塩谷瞬は、二股したとなれば、泣いて謝るしかない。要するにそれしか選択肢が与えられていないわけですよね。でも、今の黒田さんの立場は、泣いて謝らなくてもいい。

黒田　うん、泣いて謝らなくていい。まぁ、実際色々としんどいですけどね。ここで僕が挫《くじ》けて、「やっぱりダメでした」ってなっちゃいけない。「あ、黒田勇樹、楽しそうにしてんな」って思わせたいんですよ。

——週刊誌はまた黒田さんの「転落人生」を狙っているかもしれない。でもそのときに

「うわー、また、こいつ歩いてんぞ」ってなれば、もう諦めると思うんですよ。

黒田　今回もまた転んだから、また何かやんなきゃなあと思っていますけどね。頑張ろうっと。3年後くらいに。

――それまでは布団かぶって寝るしかない。

黒田　うん。しんどい。映画のプロジェクトがあったんですが中止になってしまった。それに、しばらくはプライベートの話ができないので、ひとまずは信用を取り戻して映画をやりたいですね。それまでは、とにかく外に向かってサイコロを振る。出た目のところにいく。……「桃太郎電鉄」みたいな人生ですよ。でもね、サイコロを振るのだけは止めない。サイコロ振って、出た目のところまで歩く、これを繰り返していくつもりです。

黒田氏は、インタビューOKの返事を即座にくれて、手ぶらで取材場所にやってきて、にこやかに1時間近く話して、ささっと帰っていった。事務所所属の俳優であれば、この段階全てに、いちいち交渉と時間を要する。検討中という名の待ちぼうけをくらう。黒田氏は、悩んでいるし、楽しんでもいる。めっちゃ不安だけど、めっちゃ楽観してもいる。そういう揺れと決意がごちゃ混ぜになったところから、ハイパーなメディアが生まれる。痛快だし、俊敏。俳優の道を断ち切られ、先の読めないままスタートした一連の「ハイパー」、本人も周りも先が読めないまま、どこかへ転がり続けていく。

その3 切実な表現は残酷な解雇から生まれる

女性ファッション誌にはしつこいほど繰り返し「1ヶ月着回しコーディネート企画」が盛り込まれる。雑誌の専属モデルが、ディテールを細かく決め込んだ会社員や学生になりきって、1ヶ月の出来事のあれこれを何着かの洋服を駆使しつつコーディネートする記事だ。適当に創作してみるとこんな感じ。8割方、登場人物には彼氏がいる。

【11月8日】ここんとこ残業続きの良彦ったら、仕事がすっごく忙しそう。大きな仕事を任されて張りきっているみたいだから、会えなくても我慢我慢。今日はおうちでマフィン作り。ほっかほかの出来立てを自分のためだけに作るって、すっごく贅沢。

【11月10日】先輩のサトミさんとパスタランチ。話題はもっぱら婚活の話。驚いちゃった。社内屈指のオシャレさんのサトミ姉さんが婚活で苦戦って。男子、草食すぎぃぃぃ⁉

【11月13日】久しぶりに良彦とデート。スカイツリーの展望台に行こうって。そうそう私も行ってみたかったのー。ガーン、予約しなきゃ満員で入れないんだって。良彦ってこういうドジな所があるんだけど、そこがまた愛らしかったり。

【11月18日】今日は大切なプレゼンの日。シックなパンツでピシッと決めて早めの出勤。昨日遅くまで先輩と書類とにらめっこして模擬練習したんだから、絶対成功させせなくっちゃ。

大抵、途中で彼氏との仲がぐらつき、同窓会で出会った元彼とちょっとだけイイ感じになったりもするのだが、彼氏との仲は月が終わる頃に修復する。女性誌は読者ターゲットを明確に絞ってきたメディアだから、編集部がライターと共に創作するこの物語は、読者に向けた「理想のライフスタイル」の提示でもある。つまりこの企画は女性の「理想史」なのだ。同じ型を繰り返しすぎた反動で、売れない劇団員を敢えて主人公にするなどのバリエーションも増えてきたが、(先述の良彦がそうだったように)彼氏として登場する男の多くはバリバリ働いているサラリーマンである。会社でくすぶっている男でもないし、無論アルバイトでもない。一発逆転を狙う売れないミュージシャンでもないし、絵描きの卵でもない。正規雇用のサラリーマンなのだ。派遣社員という感じはしない。このご時世であれば……

【11月24日】良彦から電話。会社をクビになったって。電話口で、泣いてた。許せない、信じらんない。明日はユミカとバーゲンにいくつもりだったけど、もちろんキャンセル。良彦に会いたい。私が励まさなくっちゃ、誰が励ませるの。そう思ったから。

と、なってもおかしくないものだが、「すっかり冬の装い。ケープ付きワンピースにロングブーツを合わせ、テンションがた落ちの彼のもとへ」では洋服を紹介しようがない。「解雇もされない、潰れもしない、いい感じの会社でバリバリ働くサラリーマン」が更新されていく。女性誌が、登場する男性に要請する理想的な労働の在り方って、彼女たちの親世代がこれまで規定し続けてきた古臭い労働の在り方に近似している。なかなか会えない理由、その大半は「仕事が忙しすぎる」である。

『情熱大陸』で姿をお見かけするまでその存在を存じ上げなかったが、ノマドワーカーの安藤美冬を注視していると、この人はインタビュー記事において、かなりの確率で、自分が集英社の広告セクションで働き、悩みながらも成果を出してきたことを前置きする。前置きだけど強調。

「大学卒業後は出版社の集英社に入社し、3年後に希望していた宣伝部に異動になったものの、思うように仕事ができずに悩みました。今思うと、自分で自分を追い詰めすぎたのだと思います。(中略) だんだん成果も伴うようになりました。たとえば、10数年実績がなかった媒体への広告出稿を決めたり、直木賞作家のPR原稿を書かせてもらったりしたことが評価され、社長賞も獲得しました」(「自分らしさを追求して辿りついたのが『フリーランサー』:安藤美冬氏インタビュー」転職会議 Report)

会社員時代、もがいてました。結果も出せたかもしれない。でも達成感がなかった。今は、自分だけの仕事ができている、自分から発信できている、と。

この展開はクリエイティブ系のお仕事インタビューにはしょっちゅう用いられる説得方法である。彼女も、歴々のインタビューを模倣しているのだろう。それこそ『情熱大陸』にこの手のジャンルの人間が出ると、「大きい何かではなく、最後には自分を信じる」という方向性でエンディングに急かされる。表現者になる、とはつまり、個でいる、ということ。課長代理に昇進して今夜はささやかだけどすき焼きよ、と食卓で喜び合う光景から遠ざかるということだ。しかし、数値や実績を生臭く問われるのは、実は、個であるアーティストのほうだ。売れなければ次のアルバムは出せないし、客が入らなければ次の映画は撮れない。仕事がなければ、喫茶店でパソコンを開こうとも、ノマドではなくてプー太郎である。漠然と「よろしくやっている」個人のプレゼンを見かけると、とかく不安になる。

フランスの実存的思想家シモーヌ・ヴェイユは、働く者が、いかに世間が策定した仕組みに隷従《れいじゅう》しているか、「人間のありのままの姿を知り、ありのままを愛し、そのなかで生きたい」と工場労働者になり、その模様を『工場日記』(ちくま学芸文庫)に綴った。工場労働の性格について、このように記している。

「それは、もはや考えることをしない誘惑である。それだけが苦しまずにすむ、ただ一つの、唯一の方法なのだ。ただ土曜の午後と日曜日にだけ、わたしにも思い出や、思考の断片がもどってくる。このわたしもまた、考える存在であったことを思い出す」

秋葉原無差別殺傷事件の犯人・加藤智大は、獄中記『解』(批評社)で、派遣会社の仕事を解約されたこと、自分の掲示板が荒らされ孤独感を感じたこと、このふたつが事件を起こす直接的な要因になったと記している。彼はことあるごとに「こんな不細工なオレには彼女が出来ない」と漏らした。その不遇を唯一救ってくれたのがネットの掲示板だった。彼にとって働くことは「考えることをしない誘惑」だった。そして掲示板に書き込むことが、休みの日に「考える存在であったことを思い出す」ための作業でもあった。彼にとって唯一のクリエイティブなコミュニケーションを奪われたとき、あらぬことを考えたのか。

『情熱大陸』に出ることで色めき立つノマドワーカーの類いは、本当は単にクリエイティブな私でいたいという養分から発芽したかもしれないものを、自分で調達したかのようなコンプレックスがあたかも浄化されたように見せつけるのだが、こういった手の込んだ技術を周囲に要請するのは酷だ。酷だからこそ、それをクリアした私だけが特別視される。

つんく♂はモーニング娘。の隆盛期、その盛り上がりを加入と卒業で引っ張った。一方、秋元康はAKB48の盛り上がりを、しばらくの間、解雇、謹慎、左遷で引っ張った。博多に飛ばされた指原莉乃が背負わされたのは、アーティストとしてではなく、君たちはワーカー(勤労者)なのである、と知らしめた上での負荷にも思えた。親玉が用意する法規を外れたらいつ解雇扱いになるか分からない。数字（選挙の得票数）がとれなければ用はない。先だってのインタビューで黒田勇樹が語っていたように、事務所に所属するタレントは営業マンみたいなもの、なのである。となれば、表現者になる、ということは、決してノマド（遊牧民）的な自由が許されるわけではない。むしろ逆。拘束は強化され、（妙な表現だが）見放されたときの見放されっぷりは、通常の労働者よりも露骨だ。「会社」ではなく「世間」からも解雇されてしまう。

コンサバ女性誌がお相手を正社員に絞り、安藤美冬が「集英社にいた」と前置きし、秋葉原事件の加藤が派遣の工場労働者なんて、と自らを落とし込むのは、「働くという行為」の価値をなかなか旧態依然とした風体で残存させているという点で共通する。解雇は、その風体のなかで最大の「恥ずべきこと」なのだ。自由に働け、己で立ち上がれ、既成概念をぶっ壊せ、大企業がなんだ、自分のやりたいことをやれ……自己啓発書はこの手の方向のことばかり連呼する。そこでは、既存の「働くということ」が疑いを持って語られる。しかし、あの手の本がそれをずっと語り続けているということは、発動したまんま変わっちゃいない、という事実でもある。

世の中の働き方が「いわゆるサラリーマン的人生」を確保しながら成り立っていけばいくほど、解雇の引きずりっぷりが直接的に表現に組み込まれる。「明日から来なくていいよ」という残酷な仕打ちは一度体内に染み入るとキレイには除去できない。しかし、解雇されたんでこれをやってます、と直接的に言える文化的表現はそう多くない。そんなに甘くないよ、と言われる。だから、解雇経験のある人たちは黙々と、破片を体に刺すように表現に刻み込んでいく。解雇は人を傷める。んで、その傷めた心から切実な表現が引っ張り出されてくるのである。

第4回

一《ひと》重《え》

その1　二重《ふたえ》ファシズムの中で

ある年のＡＫＢ48総選挙の選抜メンバー16人の画像をネットで拾い、「目」を確認してみる。16人中16人が二重、という驚異的な数値が出た。横山由依だけが奥二重でキリリとシャープな目をしているが、二重は二重。二重率１００％。ももいろクローバーＺも調査しておく。５人中５人、こちらも１００％。乃木坂46でもモーニング娘。でも、そう変わらぬ数値が出るだろう。二重率１００％が示すこととは何か。「握手してくれたら神対応だったぜ」「塩対応だけど逆にそういうところがいい」との興奮に代表されるように、アイドルが「親しみやすさ」で査定される時代、パーフェクトな顔立ちやスタイルは必ずしもアイドルの必須条件とはされなくなってきた。団子鼻でも短足でもかまわないし、むしろ、完璧ではないという情報伝達がスムーズに行われれば、それは過度に歓待される条件にもなりうる。秋元康は、誰もが絶世の美人と納得するような風貌ではなく、誰かが熱心に応援してくれそうな子を入れてきたと常々語っている。不完全を積極的に愛でてもらうことを想定している。なんと失礼な査定だろう。しかし、二重が１００％という数値を見る限りにおいて、二重はその不完全にすらカウントされていない。完全・不完全の選択肢に立つための前提でなければならないようなのだ。

ファンはアイドルの好みを一重か二重かで選んではいない。なぜって、選ぶまでもなく、みんなが二重だから。まぶたに1本の線が入っているかどうか程度のことに過ぎないのだが、その「程度」は、前提条件に組み込まれている。前提とはつまり強制なのだから、一重ならば根強いコンプレックスになる。

画面に登場するだけで幸の薄さが画面全体に漂い、あっもうすぐ誰かが死ぬ、もしくは殺されるのではないかとの雰囲気を立ちこめさせる女優の木村多江は、「わたしの顔には、立体感がない」と言い切る（エッセイ集『かかと』講談社・以下同様）。一重の木村は、マネージャーからは「しゃもじみたいな顔」と言われ、ある時期、木村のマネージャーは社長から「なんとか、なんないの？」と持ちかけられていた。「なんとか、なんないの？」、つまり整形をせよ、ということ。木村はマネージャーとともに美容整形の病院を訪れるが、両目で40万円という額を提示された挙げ句、手術後は1ヶ月の外出を禁じられると知る。ちょうど近々の仕事が入っており、「(もうすでに) テレビに結構出ちゃってるから」という社長の意向もあり最終的に整形は見送られる。木村多江はこのエピソードをさらりとエッセイの一要素に使っているが、つまり、一重の女優がいれば、「二重にしてこいや」と事務所の社長がマネージャーに命じるのがこの世界の常識だと教えてくれる。近々の仕事が入っていなければ二重にさせられる世界なのだ。アイドルが押し並べて二重なのは、近々の仕事が入る前に「させられた」からなのだろうか。

表紙にウチのを出すから一切のバッシングをやめてね、そこら辺のルール、さすがに分かってくださいますよね、とAKB48陣営に掌握されるようになるまで、ゴシップ雑誌を長年定点観測してきたのだが、このところ彼氏とのキス写真やパンチラや胸チラの類いに勝る勢いを持つのが、女優・アイドルの整形疑惑モノである。現在の写真と中高時代の卒業アルバムや修学旅行のスナップショットを見比べてみる。整形がフランクに行われている韓国アイドルなど、清々しい舗装工事も多いようだけれど、日本のアイドルや女優の場合、あそこまで豪快ではない。突っ張ったエラ骨を削りはしない。一重を二重にするのは「プチ」に位置付けられるだろうが、「プチ」だからこそ、疑惑として精一杯持ち出すにはおいしい。日光東照宮の前で撮られた修学旅行の集合写真を無理矢理ズームしたものと、化粧水の広告に出ている際の写真を並べれば、おおよその人の整形疑惑はでき上がる。誰かのFacebookに写り込んだ飲み会での赤ら顔の自分と、結婚記念の写真を見比べれば、男女問わず誰だって異なる顔をしているはずだが、表に出ている彼女らは同じ顔をしていなければ疑われるのである。

そもそも一重は成長段階で二重になることもあるのだが、そんな配慮などないからこそ次々と疑惑が投じられる。まぶたの皮膚が薄くなることによって皮膚が折れ曲がり二重になる場合だってある。「卒アル」を入手して見比べて「整形した」と結論付けるのはなかなか尚早ではある。しかしながら、あいつ二重に整形したらしい、という推察はあちこちで下世話に暴走する。尚早であればあるほど豪快に結論が打ち出される。

それにしても、なぜ一重は、これほどまでにコンプレックスとして浸透したのだろう。自分も一重なので気になる。その名も「ひとえ.com」というウェブサイト（すでに閉鎖）には「一重のデメリット」がズバリ明示されていた。

「一重まぶたは本当に厄介なものです。（中略）雑誌やテレビに出ている憧れのモデルや女優が、大きな目をくりくりとさせて爽やかな笑顔を見せているだけに、一重まぶたの人が持つ憧れとのギャップ感は相当なものですよね」

口調が丁寧なだけに一切の救いがない。この三段腹をどうにかしてスリムなボディに、とは違って、一重は何かを怠ったからそうなったわけではない。ただただ一重に生まれてきただけなのに「本当に厄介」と言われ、「相当なものですよね」と一方的に同情されてしまう。「お前の母ちゃんでべそ！」といった戯言とは次元の異なる、どこまでも具体的な口撃である。

アイドルを目指す人が一重ならば、その活動の入口にすら立たせてくれない。風貌を表現方法に入れ込まない人にとっては、一重であろうが二重であろうが関係ないのだけれど

（余談だが、一重のメリットに「保湿効果」がある。作品や画面をじっくり見つめる機会が多いであろう各種クリエイターには一重のほうが有利である）、よっしゃ自分のビジュアルで勝負するぜと意気込んだ一重の誰かには、「いやいや、一重じゃ話にならん」という門前払いが待ち構えている。AKBやももクロの100％が証明するように、一重は玄関口でお断りされてしまうのだ。マンションのポストに貼られるようなテンションで「ビラ・勧誘・一重お断り」である。事務所の社長が言った「なんとか、なんないの？」、その誘いに応じて初めて、玄関に入れてもらえる。それならばと一重コンプレックスを易々と放棄するのである。

美容ジャーナリスト・齋藤薫が書いた連作短編集、その名も『Theコンプレックス』（中公文庫）は、様々なコンプレックスを持つ女性主人公の物語を記した小説集。好都合にハートフルな方向へ持っていく躊躇のなさが白々しくもあるのだが、その白々しさからコンプレックスの平均的な像を知ることはできる。「二重にした女」で描かれるのは、「そんな目で見るなよ」と男に言われ続けてきた一重の女・佳恵。佳恵はいよいよ二重まぶたを作るテープを購入する。しかし、二重にしたことを見抜いた男から「何それ、テープ？途中まではがれているよ」と告げられたことをきっかけに別れてしまう。そうか、テープじゃだめなのかと、本格的に二重に整形する。今度はバレずに結婚した佳恵だが、偶然会った友人に打ち明けたことをきっかけに、夫にも整形の事実を告白する。中学の頃、先生にいきなり「お前、何か文句あるのか」と言われた、この目では暮らせなかった、だから、二重にしたのよ、と。夫は理解を示す。んで、むしろ愛が深まった、という小咄。

なんだイイ話じゃん、と思うかもしれないけれど、一重に救いの手を差し伸べていないことを明示しておきたい。書き手が美容ジャーナリストという職種だから、美を追い求める行為を、理由がどうであろうと善とする態度なのだろう。手を差し伸べるのは「一重のままの女」ではなく、意を決して「二重にした女」であった。意を決しなければいけないのだろうか。


「二重」と「一重」ではなく、もはや、「二重」と「二重にできる状況」に置かれている。長いことスマホにせずにガラケーを持ち歩いていると、「え？　なんでスマホにしないの？」と散々聞かれる。そんな感じだ。こちらの意向を汲み取らずに「え、なんでしないの？」と躊躇がない。当人はその選択肢から選びあぐねているわけでもないのに、相手がそれを前提として話してくる。二重が前提となっているアイメイク術を前に出されると、一重はどうすることもできない。企業の採用に年齢基準があるように、女性誌には二重基準、つまり二重でないとこのメイクはそもそもできませんから、という基準が暗に設けられている。どうすればいいのか。そこで言われるのが「なんとか、なんないの？」なのだ。

アイプチやつけまつ毛の浸透によって、目をパチクリ見せるメイクはどんどんインスタつで、目をパチクリ拡大できる。誰しも簡単に二重に近づけるようになった。プリクラではボタンひとつで、目をパチクリ拡大できる。だからこそ、平然と一重でいることが、たちまちコンプレックスとして認定されてしまう世の中になってしまった。奥二重、という言葉・状態もあるけれど、なんだか「友達以上恋人未満」のような、話が長くなりそうな気配があるので深追いしにくい。たとえば、ぽっちゃり女性向けの雑誌『la farfa』が刊行されて好評と聞くし、身体的コンプレックス改善の波がある。「このままでいいよね」という宣言が増えてきた。しかし、そこから一重は取り残されている。救いの手が差し伸べられぬままになっている。一重は根本的にでも一時的にでも、そんなの貴方自身で淡々と解消してくださいよ、解消してからお話ししましょう、と強いるのが世間。怖い世間だ。怖い世間に晒された一重のアイドルに話を聞いてみることにする。

その2　BELLRING少女ハート・朝倉みずほインタビュー

「それでも私は大人になったら、絶対に二重まぶたになると思うんですよ！」

あるドラマの主演女優を取材した知人ライターが意気消沈していた。何を聞いてもあらかじめ決められた答えしか返してくれない。3つか4つの回答しか用意されていない。でも多分トップアイドルや女優は、そうやって容易く答えないことで保持される利点を自覚しているはず。それはビジュアルにおいても同じこと。「どうしてそんなに肌がキレイなんですか？」と問われて「いえ、特別なことはしてないんです」と答えるのは「週3でエステ行ってます。専属モデルをしてる雑誌では、あらかじめ画像修正の方向を共有しています」と正直に答えるとイメージが壊れるからである。

美肌の秘訣、ですら答えてくれないのに「二重ですけど、それ、コンプレックスですか」と問いかけるインタビューに答えてくれる相手を探すのは至難の業。でも、答えてくれた。BELLRING少女ハートは、答えてくれた。

BELLRING少女ハート profile

通称"ベル・ハー"。アイドル育成プロジェクト"クリムゾン印刷"がプロデュースする、サイケデリックからブチ上げロックまで、変幻自在アイドル・ユニット。2012年4月にライブデビュー。結成当初、「学芸会以下」と称されたゆるいパフォーマンス、足並みの揃わない個性的なメンバー、ひときわクオリティの高い楽曲などが話題となり、アイドルファンはもとより業界関係者からも注目を集める。2016年をもってメンバーの朝倉みずほはグループを卒業、ベルハーも2016年12月に活動終了となった。朝倉みずほは2017年THERE THERE THERESに新メンバーとして加入するも、2019年に解散。TRASH-UP!!に移籍し、ひとりユニットATOMIC MINISTRYとして活動している。

https://www.trash-up.com/atomicministry/

――こっ、こんばんは！

朝倉みずほ　こっ、こんばんは！

――これまでこの企画では、「天然パーマ」や、お酒が飲めない「下戸」などをテーマにしてきたんですが、今回は「一重」がテーマということで、一重の朝倉さんにお声かけしたんです。まさかお引き受けいただけるとは思いませんでした。それに、この企画のインタビューでは、女性として初めての登場になります。

みずほ　やったー。

――そもそも、アイドルになりたい、という思いはいつ頃からあったのですか。

みずほ　小さな頃からテレビに出ている人を見て、凄いなぁって思っていたんですけど、きっかけは、あのー、珠梨（BELLRING少女ハートのメンバー）と友だちのダンス見に行ったんですよ。で、そこで、「レッスンを受ければ無料でダンスできる」みたいなことを言われて、それで受けたんです。

田中紘治（ディレクター）　その説明じゃ誤解されるでしょ（笑）。ユニットに入ったら無料でダンスレッスンが受けられる、ってことです。

――こういうアイドルになりたい、っていう具体的な人はいたんですか。

みずほ　（元AKB48の）あっちゃんとぱるるが好きです。

――どのあたりが好きなんですか。

みずほ　うーん、分かんない！

――……さて、本題に入りますが、そのAKB48の選抜メンバーやももクロのメンバーって、漏れなく二重なんですね。昨今、アイドル戦国時代と言われていますが、一重のアイドルは極めて少なく感じます。だから、一重は逆に凄い個性になるんじゃないかなと思っています。

みずほ　……でも、私は二重になりたいんです！

田中　オーディションのときから、彼女を見ながら「一重の子は珍しいな」って思いましたね。僕自身、パッチリ二重で、顔がちっちゃくて、手脚が長くて、っていう子にはあまり魅力って感じてなくてですね……。

――ほら、ディレクターさんもそう言ってますし、いろんなライバルグループに勝っていく、というか生き残っていくために、「一重でいる」っていうのはとっても特徴的なことだって思いません？

みずほ　思いません！　二重になりたいです！　でも、手術はしたくないです、痛いのイヤだもん！

――今まで一重について、誰かに何かを言われたとか、具体的な経験はあったりしますか。

みずほ　ないですねぇ、逆に何にも言われないんですよ。……ってゆうか、私は、自然と二重になるんです、いつかは絶対！

――いつか自然に、って、脱皮か何かするんですか。

みずほ　ちがう、脱皮じゃなくて成長なの！

――その時代ごとの「美」を問い直せば、平安時代などは一重まぶたが何より美しいと認識されていました。二重というのも、それはただ現代人の感覚として「これがかわいい」と思い込んでいるにすぎません。……いや、でも、そんなこと言っても、なりたいんですよね。

みずほ　うふふふふ。

――一重でいることのメリットって、何かこれまでありましたか。

みずほ　あります。泣いた後に、目が腫れても分からない。

――なるほど。この人の目が好き、って目はありますか。

みずほ　ないです。……あのう、ちょっと聞いてください！　私、起きたらたまに二重になってるんですよ。でも、起きあがったら直ってるんです。

――ほほう、それは多分……二重じゃないですよ。

みずほ　私、ディファイン（黒目が大きく見えるようになるコンタクト）入れたいんですよ。でも、怖いんです。怖いから入れたくない。

――どうして、そんなに二重になりたがるんでしょう。「二重っていうか、それ三重だろ四重だろ」って感じの中年がいますね。つまり、「〇重」ってそれだけ目にシワが入ったってことで、あれは要するに素直な老化現象なんですよ。何も恥じることはない。

みずほ　……でも、なりたい。

――……なんか他に悩みってありますか。

みずほ　えー、「推し変」されることかな。

田中　みずほを推していたお客さんが、たとえばみずほが休んでる間に推すメンバーを変えてしまうということです。

みずほ　そう！　休んでいる間に、お客さんのツイッター見ていると、今日は誰々とチェキを撮ろうかなー、もう一度撮ろうかなーなんてつぶやいてる……。超エゴサしてますよ私！　「みずほしかー」って書き込んだ後に別のメンバーとチェキ撮ってる。そんなこと言わないでほしぃ～!!

――エゴサーチしてもあんまりいいことはないですよね。

みずほ　うわあああ、ってなりますよね。

――なりますよね。

みずほ　ですよね！

――一重以外に、コンプレックスというか、「自分のここを直したい」ってところはあるんですか。

みずほ　顔ちっちゃくなりたいです。太ももも細くなりたいです。お母さんに散々言われる。

――お母さんって人種は、そういうことを言うの好きなんです。ひとまず娘のことをけなしてみますよね。

田中　そうそう、気にしない。たぶん、みずほは二重になりたいとか、細くなりたいとか、というよりも、それによって自分が子どもっぽいと思われるのが一番のコンプレックスなんだと思うんですよ。

みずほ　何言ってるんですか！　私は大人っぽいんですよ、ホントは。このあいだ一番大人っぽかったんですよ！

――いつですか。

みずほ　5月15日。

――やたらピンポイントですね、大人っぽかった日が。

みずほ　アイスもらった日！

――アイスもらった日？

田中　ライブ中にお客さんからアイス出されて、その場でぺろぺろ食べちゃった（笑）。

みずほ　美味しかったんですよ。それに、溶けちゃうから。

――どのように大人っぽかったんですかね、5月15日。

みずほ　顔が大人っぽかったんですよ。

――先ほど、前田敦子や島崎遥香の名前を出してましたけど、もうちょっと年齢が上の女優さんなど、自分が目指すべき「大人っぽい」人はいるんですか。

みずほ　堀北真希さん。

――大人っぽいですかね？　割と子どもっぽさも残っているタイプの人だと思いますが。

みずほ　じゃあ誰が大人っぽいんですか？

田中　壇蜜。

――これからずっとアイドルを続けていけば、それはもうどうしたって大人っぽくなるわけですね。だったら、一重のことも含めて、今のまんま自然でいたほうが絶対人気出ると思います。それに二重は簡単になれちゃいますから。

みずほ　なれるんですか！

――だって、それこそ二重の整形って、そこまで値段かからずにできますし、アイプチだっていっぱい流通してるわけだから。

みずほ　じゃあこれを教えてあげましょう、みんなに。結構伸びるんですよ（とまぶたを伸ばす）。

――おーおー、伸びる伸びる。

みずほ　起きたら、二重になってたらどうしましょ！

――世の中のアイドルには、きっと昔は一重だったのに、手を加えて二重になっている人が多かれ少なかれいるのでしょう。そうすると、昔の小学校の友だちに会ったら、「あれ、一重だったのにどうしたの?」なんて言われるのかもしれません。

みずほ　それ、いやですねー。

田中　でも僕、アイドルがよく整形したんじゃないかって言われる理由がよく分かるんですよね。ステージに立っている間に本当に顔が変わってくるんですよ。だから、もうちょっと長いスパンで、たとえば最初の面接用写真とかと比べると、顔がまるっきり違うんですよ。大人になった、っていうのではなく、綺麗になってるんです。

みずほ　やったー。

田中　目はパッチリしてくるし、輪郭もシャープになってくる。

――それを1年や2年のスパンで見比べられちゃうと……。

みずほ　ネットとかで、「あいつ整形したんだぜ」って言われるの?

――そうですよ。

みずほ　はーどうしよ!

――いや、だから、しなきゃいいんですよ!「あ、やっぱ二重にしよう」って二重にした上でエゴサーチして「あいつ、二重にしたー」っていっぱい出てきたらどうでしょう。

みずほ　あっ、じゃあもう整形したら「整形しました!」って言っちゃえばいいんだ。

――でもそしたら、やっぱり今まで応援してきたファンの人たちは「え、なんでそんなことするの、今までのほうがよかったのに、何でそんなことするんだ」って残念がって、またこう、推すメンバーを変えちゃうかもしれないですよ。

みずほ　はーどうしよ！

――二重ってブームみたいなものなのかもしれませんよ。たとえば、自分が中高生の頃は「巨乳はもう何よりも素晴らしい」っていう雑誌グラビアが席巻していましたが、今って、そういうグラビアアイドルあんまりいないでしょう。

みずほ　うふふふ、見ないです。

――だから一重、二重、というのも、そのうちに変わってくると思うんですよ。人に「あ、目が一重だ」って思われるのって、そもそも気になりますか。

みずほ　どうでもいい。自分のこだわりだもん。二重になりたいだけ。

――でも、ご自身の個性として一重は定着しているわけで。

みずほ　起きたら、二重になってたらどうしましょ！

――どうします？　いつも起きあがったら元に戻っちゃうけど、それが戻んなかったらどうします？　喜びます？

みずほ　でも寝たら絶対直っちゃうから、記念写真を撮っといて、寝ます。私、コンプレックスなのは目だけではなくて、声もコンプレックス。あんまり好きじゃない。でも、ダメじゃないって言われるから、よく分かんない。ロボットみたいっていうか、おもちゃみたいな声してる。他のメンバーはちゃんと人間の声なんですよ。

――特徴的でいいんじゃないでしょうか。

田中　大体、本人がコンプレックスと思っているところこそお客さんは褒めてくれるんですよね。

――自分は抱え込んでいるのに、そこを褒めてくれると、悩んでしまう。自分が変えたいなと思っているところほど実は魅力だったりする……って言っても意味ないですかね。

みずほ　うん。

――意味ないけど、伝えておきたいんです。もし二重にしたら「え、なんで?」ってファンの人たちが離れていっちゃうかもしれない。

みずほ　みんな一重が好きなんですか?

――なんでそこまで二重が「かわいい」とされているのかがよく分からないんです。女性ファッション誌を見てもモデルさんは二重がほとんどですよね。欧米人の顔立ちに憧れすぎているのかもしれない。でも、そのままでいいと思いますけれど。

田中「みずほ、一重のままでもかわいいから一重のままでいいんだよ」って言っても、みずほの中で「そうか、一重でもいいんだ!」とは決してならないんですよ。男って多分女性からどう思われるかを大事にしていると思うんですけど、女の子ってむしろ同性からどう思われるかのほうが大事だったりするんですよ。こうして、男の人たちに励まされても実は全く響いてない（笑）。それに……。
みずほ　（話をさえぎって）アイプチは使いたくない、怖いから！　なんか、まぶたくっついちゃうから、目閉じられないんですよ。
——……一重について、なにかこう、主張しておきたいこととかありますか。
みずほ　はいっ、私は薄目をすれば、奥二重です。
——なんか言い返したいことはないですか？　「一重でいい、とか言ってんじゃねーよ、こっちの気持ちも知らないで」って。
みずほ　二重になりたい……。えーでもさっきなんか言いましたけど、それでも私は大人になったら、絶対に二重になると思うんですよ。起きたらなるんですよ。起きて、二重になるじゃないですか。そのまま押さえつけておけばいい。
——それ靴下の跡みたいなもので、戻っちゃいますよ。二重は顔にあるシワ！
みずほ　シワなんですかこれは！
——シワです、シワ、シワ！
田中　二段腹みたいなもんだ！
みずほ　じゃあ、目はお腹と一緒なんですか？
——自分から二段腹になりたいって言いませんよね。

田中　二段まぶたになりたい？

――「うわ！　二段まぶただ！」って言われますよ。

みずほ　やだー。

編集者　うわ、みんなで洗脳しようとしてる……。

みずほ　でも、二段腹になるのは嫌なんですけどー。二重にはなりたいんです。

――もうネーミング変えちゃいますよ。二重まぶたって言うからみんな「かわいい～」とか言うんで、二段まぶたですよ。

みずほ　じゃあお腹を二重腹にしてください。

――お腹、二重腹になりたいですか。

みずほ　いやだ。

――なんじゃそりゃ。なんかアピールしておきたいことはありますか。

みずほ　一重でも楽しいです。

田中　一重なのに楽しいの？

みずほ　そこ、あんま関係ないでしょ。

――うわ、めちゃくちゃ冷静（笑）。

とまあ、手玉に取られたわけであります。インタビュー、つまり「Q&A」というのは、

「Q」に対する「A」があってこそ成り立つのだが、彼女の場合は、「Q」に対する「A」ではない。でも「A」なのだ。設問に答えてなくても、いつも強い主張なのだ。アイドルとして生きる、生きようとするタフネスとはこういうものなのかもしれない。インタビューで投げたことの繰り返しになるけれど、「美」というのは、時代ごとに変わる。反転すらする。ある日のネットニュースのトップページに「目指せ第2の磯山！エイベックスが〝ぷに子〟募集」との記事が出ていた。「小太り」を「ぷに子」に変換するだけで状況が一変する。コンプレックスを解消せずとも、携えたままにしておくと向こうから解決しにきてくれる。状況を変えにきてくれる。では、一重にその可能性、変えにきてくれる可能性はあるのだろうか。二重をよしとする刷り込みは極めて深い。コンプレックスとされるものを嗜んで創作に向かわせるベクトルを、一重が持てるのか、持てないのか。

持てる、と思う。朝倉さんは「二重になりたいんです！」と繰り返していたけれど、その「！」が連鎖するテンションは確実に彼女のエネルギーに繋がっていた。新種のエネルギーにも思えた。自分を動かすためだけにしか使えないネガティブなエネルギーに違いないけれど、彼女は「みんなは二重だけど、私は一重」というコンプレックスを一定量温存している……ように見えた。一重の歴史や現在にはとっても切なく残酷なものが多いけれど、一重の人たちが一重を嫌がることで、逆に「一重でいること」が自分の武器の強度として蓄積されていく側面があるのかもしれない。それはコンプレックスの極めてベーシックな育ち方である。

二重ファシズムに対して、「二重になりたい！」と立ち向かっていくのは矛盾しているのだけれど、朝倉さんの「二重になりたいんです！」の「！」の連鎖は、どうやら人をとってもアクティブにさせることを教えてくれた。それはアイプチで一重を隠すより、幾倍も魅力的に思えたのである。

その3 一重にしかできないことを探しに

伊丹十三の父、映画監督・伊丹万作の言葉に耳を傾けよう。「顔の美について」という随筆だ（『日本の名随筆40 顔』作品社に所収）。

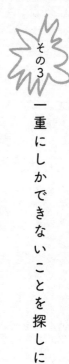

「近ごろばかな人間が手術をして一重まぶたから二重まぶたに転向する例があるが、もったいない話である。それも本当に美しくなれるならまだしもであるが、手術後の結果を見るとたいがい徹宵泣きあかしたあとのような眼になつてしかも本人は得意でいるから驚く。（中略）人生の美に関する問題はすべて美術家の領分である。その美術家といえども神の造つた肉体に手を加えるなどという僭越は許されない」

美容整形外科の前で配布すればたちまち営業妨害になる至言だ。アイプチやプチ整形が世間にこれほど浸透した要因は「プチ」という言葉の響きにもある。「petit」はフランス語で「小さい」を意味する言葉だが、「プチ整形」＝「小さな整形」と訳すだけでは正確な説明にはならない。心づもりとしては「ちょっとした整形」「本格的ではない整形」ということらしいのだが、「プチ」と言葉をポップに変換することで、その行為までもカジュアル化していく。「人生の美に関する問題はすべて美術家の領分である」と断言する伊丹の見解に素直に従ってみれば、軽い気持ちで一重を二重に変えることをどうしたって許してはならず、「プチ」だろうがそれは「僭越」なのだ。美術家の領分なのだ。伊丹の言説を知ったからには、目についての「美」が強制的に二重に統一されていきそうな現在に対して、手厳しく一重の眼差しを向けていかなければならない。

モデルの二重率が異様に高い女性誌を開くと、その後半には、目をくっきりさせるための広告がアレコレ並んでいる。「まだ東京で消耗してるの?」とのブログを更新し続ける人がいたが「まだ一重をくっきりさせてないの?」と言わんばかりの傲慢な姿勢。学生期から海外で活躍してきた冨永愛は、この一重がクールな印象を際立たせてきた。奥二重だよ、とフォローする声もあるが、そういうフォローが一重の冷遇を知らせる。思えば、1972年にアジア人で初めてパリコレに出演したモデル・山口小夜子もまた一重である。日本人の美の特性とも言えるのだが、追従しようとする動きは少ない。

近しい誰かに褒められるための装い、つまり「愛されメイク」といったフンワリと媚びていく言動を連呼するファッション誌から離れれば離れるほど「ファッション誌内一重率」が上がっていく。単純な区分けも危険だが、ファッションをひとつの「表現」とするか、単なる「モテアイテム」とするかで、モデルの一重率が大幅に変動する。『東京ガールズコレクション』の動画をじっと眺める。二重、二重、二重、二重、二重、二重だ。べルトコンベア式にワーキャリー流れ出てくる類型的なフェイスを固体識別することは難しく、最初と最後の人は早着替えで出てきた同一人物なのではないかとの疑念を吹っかけてしまう。

パーツのそれぞれが大きく、大きいパーツ同士の連携でハッキリした顔立ちが定まる欧米の美意識と比べ、日本人の顔は木村多江が「しゃもじ」と呼ばれたようにどこかのっぺりとしている。

のっぺりとした顔に、鋭く切れた目が入る。世界三大美女にエントリーされている小野小町、残されている肖像画は軒並み一重である。本谷有希子の芥川賞受賞作『異類婚姻譚』（講談社）で、「私」は自分の顔を「葉書」と形容する。

「私の顔は、ほどほどに平凡である。祖父ゆずりの丸い鼻は低く、祖母ゆずりの唇はよく見ると厚いが、肌の白さも手伝って全体的にはのっぺりとした印象で、自分でも鏡を見ながら、葉書のようだなあと思うことがある。その上、右目は二重で左目が三重という具合に、統一感もない」

「しゃもじ」と「葉書」はこの場合はほとんど同義だが、「葉書」の「私」は目の具合を問わずに「のっぺり」とした。一重かどうか、だけを判断基準にすべきでもないのだろう。そもそも日本人の美意識として「凹凸をくっきりと作ること」は優先事項ではなかった。侘び寂びは凹凸とは対極にある。「自然」と「日常」に対して美しさを見出すのが日本古来の美意識である、とした白洲正子の見識を顔の造りにスライドさせるならば、明確な凹凸などもちろん要らず、各種のパーツが自然に顔全体に溶け込んでいる顔立ちを美しいとすべし、なのだ。思想的云々を排して例に持ち出すと「君が代」のメロディと佇まいは美しい。あれは、とても「一重」的な曲だ。大きい目と高い鼻を持たない国らしい静かな音階である。一方、アメリカ国歌を頭によぎらせてほしい。チャンチャ、チャンチャンチャンチャン、チャーン、あれが凹凸の国の音階だ。二重の音階だ。彫りの深い音階だ。一重＝凹凸がない、という状態を、ジャパニーズエッセンスが残っている貴重な状態と考えてみたらどうか。日本の文化をいたずらに礼賛する番組は、海外から褒めてもらうという作業を繰り返していてすこぶるだらしないが、一重はオリエンタルである、トラディショナルである、と打ち出してみたらどうか。黙々と行列に整列するって日本スゴイ、とか騒いでいるより説得力がある。

一重（よく見ると奥二重だったりもするのだが）にも種類がある。冨永愛的な切れ長のまぶたの他に、aiko のように垂れ目気味のまぶたもある。コンプレックスとして抱えやすいのはどちらかとなればやはり後者だろう。励ますつもりで「一重の女優さんだっているよ」と言付けし、方々でりょうや黒木メイサの名前が挙げられてきたが、彼女らの目はやはり「切れ長」に分類されており、垂れ型一重のコンプレックスの励みにはならない。そもそも「切れ長」も、「奥二重」という言葉と同様に、純然たる一重にとっては近しい仲間から仲間はずれにされるような、裏切りのカテゴリになりつつある。こうした内紛が放置されている状態にある。

女優・安藤サクラはいわゆるaiko型まぶたの奥二重だが、彼女の役どころは、最初から「特徴的です」と伝えてくるようなものが多い。園子温監督『愛のむきだし』で演じた新興宗教団体の幹部役で醸し出した怪しさ、北朝鮮帰国事業で離ればなれになった兄が帰国し歯車が狂う家族を描いた『かぞくのくに』での淡々とした演技は、パチクリお目めではなかなか体現できない繊細な演技である。海に飛びこんだ友人を訪ねるため、3人で旅に出る、その過程での心象の揺れを絶妙に映しとる『ペタル ダンス』は、宮﨑あおい、忽那汐里、吹石一恵と安藤サクラが並んだ。この安藤のポジションに（他の3人と同様の）分かりやすいパチクリお目めを配役していたら、この映画の静かな温度は保たれなかったはずだ。この安藤サクラに似ているとも言われる、坂口安吾を原作にした映画『戦争と一人の女』に主演していた女優・江口のりこもaiko型まぶた。戦渦の狂おしい性を苛烈に映すこの映画もまた、凹凸の少ない、しゃもじ的な、薬書的な顔立ちが似合っていた。テレビドラマ『地味にスゴイ！校閲ガール・河野悦子』で石原さとみが演じた、いっつもハイテンションな河野と対照的に位置づけられた藤岩りおんを演じたのも江口のりこだった。パッチリ二重じゃない女優の必要性を述べてみたつもりではあるけれど、その役が、新興宗教団体幹部、狂う家族の一員、戦渦のセックス、地味な校閲者となれば、一重に更なるネガティブ条件を注ぎ込んでいるように思われても仕方ないのだが、ひとまずの事実。

方向性を変えるべく、理解の乏しい少女漫画の世界で、主人公クラスの女性が一重の漫画はないのかと、詳しい知人に尋ねてみると、即座に「思い当たらない」との返信。少女漫画の目ってそもそも一重かどうかの議論の前にデカすぎる。男性オタク向けに供給される漫画も、漏れなく目が大きい。少女漫画における目の在り方は、潜在的に日本人の美意識を定めている可能性に気付く。

いつからこんなことになったのだろうか。太宰治がその名も「美少女」という短篇で書いた美少女の造形はこうだった。

「一重瞼の三白眼で、眼尻がきりっと上っている。鼻は尋常で、唇は少し厚く、笑うと上唇がきゅっとまくれあがる」

三白眼とは黒目の部分が小さく、白目の部分の面積が多い目のこと。一重で白目が多め、つまり、黒目を大きく見せるためのカラーコンタクトが重宝される昨今とは全てが逆なのだ。

日本で初めて二重まぶたの美容整形手術を成功させた内田孝蔵が眼科医として活躍していたのは大正期から昭和初期にかけてのこと。明治時代に西洋の医療が日本へ入ってきたことと美容整形の歴史は連関している。昭和初期にひとまずおさまった整形願望が、戦時中抑えられていた欲求として戦後に噴出、日本が猛烈な経済成長を続ける中で、女性たちは欧米人の凹凸のあるメイク、顔立ち、二重まぶたに焦がれていった。

この焦がれはいつの間にか前提となり、「一重なのに目が大きく見える」と記事のタイトルに銘打ててしまうような、一重を放置しておくのってどうなのよ状態が定着した。そして実際に表舞台に立つ表現者には一重が極めて少ない現状がある。一重の一時避難場所として「でも奥二重」が確保されるものの、その避難場所にすら入れてもらえない極めてクラシックな一重はますます孤立する。この孤立状態を、表現者としてのチャンスと発想を転換することはできないのか。何人かが並ぶ中でそこに自分だけが一重でいれば、たちまちその人は自分を「他の人とは違う」と打ち出していくことができる。どんなタレントでも自分にしかないイメージ作りに躍起になる現在、「一重」を個性のひとつにエントリーさせることはできないのだろうか。できない気はしているけれど、ひとまず言い切ってみる。

第5回

親が金持ち

その1 「あいつ、親が金持ちなんだぜ」

2004年の「高所得者調査」なんてものをいまさら引っ張り出してみると、「親からの遺産が経済的成功に役立った」かどうかの設問に、高所得者の半数以上が「そう思わない」と答え、「そう思う」と答えたのは10%にも満たなかった。相続税が大変などの恨みもあるとはいえ、世のお金持ちは、「今、こんなにお金持ちになったのは自分のおかげ」と考えるものらしい。バカ言ってんじゃない。日本の高額所得者は医者・経営者が多くを占め、それらは当然、世襲が多い。橘木俊詔・森剛志『新・日本のお金持ち研究』(日本経済新聞出版社)によれば、高学歴同士の夫婦の多くは親から相当な教育投資を受けており、同じように自分の子に対する教育投資も盛んであり、金銭的余裕もあり、私立へ通わせる率が圧倒的に高い。実際に同書にある「親と同じ職業に就いている割合」の表には、父親と同じ職業の割合が高所得者全体で34%、息子も本人も同じ職業の割合が38%と出ている。このようにして、金持ちは、金持ちであることを守りたがる。わざわざ手放す人はいない。こういった学歴格差は話し始めれば2秒で妬みが顔を出し、3秒で「それって単なる妬みっしょ」と断定されてしまうので、言われる前に「それ自体はいいんだけど」と断ってから始める。金を持っているのは構わないけれど、彼らが「お金持ちになったのは自分のおかげ」と思っていることには対抗する言葉を持ちたいのだ。

と、このように書いておけばおそらく多くの賛同が得られる。世の中は、お金持ちに厳しい。政治家の差別的発言にはなぜだか寛容でも、金が絡む政治問題はたちまち燃え盛る。ったくこの金好きが、は、どこまでボリュームを上げても構わない。「みんな平等に、緩やかに貧しくなっていけばいい」（上野千鶴子・2017年2月11日・毎日新聞）とは思わないけれど、こう漏らしてしまえるのは、貧しさを語るのは賛同が得られやすい、と安直に見込んでいるからなのかもしれない。もはや記憶の彼方かもしれないが、数年前にスイス在住の日本人資産家夫婦が遺体となって発見されると、メディアは犯人よりもこの夫婦の暮らしぶりを追いかけた。ペット同伴でのセレブパーティを開いていた、と伝えることで「そんな暮らしをしていればこういうことにもなる」的な雰囲気を作り出すべく、時間を割いて煽《あお》った。殺された金持ちですらこうなのだから、金持ちは「だって、金持ちじゃん」という鋭利な横槍を様々な場面で食らい続けているはずである。

「早くに親が離婚して新しい恋人に有り金を貢いで私は明日のごはんにも困るくらいだったけどそこから這い上がった歌手」と、「親が金持ちで何不自由なく中高一貫の優秀校に通っていたらお父さんが文化祭に知り合いのプロデューサーを連れてきて目にとまった歌手」、このどっちの音楽が聞きたいかといえば、多くの人は前者だと答えるはず。でも、後者には後者の音楽があるのではないか。這い上がってきました、との感じを少しも打ち出せない苦みがあるのではないか。つまり、「親が金持ち」であることのコンプレックス。自分で作り上げた音楽が賞賛された。しかし、後になってネットの掲示板を覗くと、「ってか、あの人の親、銀行の頭取だし」「なんだ、そうなんだ、すねかじりかよ。応援して損した」と吐き捨てられている。そのダメージはいかほどか。

「表現すること」と「貧乏であること」はそもそも親和性が高い。表現者になるきっかけとしての貧乏体験の述懐はそこら辺に溢れている。あの橋本治がバブル末期に購入したマンションのローンを未だに抱え、「おかげで、貧乏には慣れました。『個人消費の回復だなんて、なに寝惚けたことを言ってやがんでェ』と思います。まだローンの返済は終わっていません」（岩波書店編集部編『私の「貧乏物語」』）と言っているのを知ると、身勝手にも人は親近感を覚える。

自らの名を直木賞として掲げるに至った小説家・直木三十五のユニークな文章を引っ張ってみる。

「僕は、僕の母の胎内にゐるとき、お臍《へそ》の穴から、僕の生れる家《うち》の中を、覗いてみて、『こいつは、いけねえ』と、思つた。頭の禿げかゝつた親爺と、それに相当した婆《ば》とが、薄暗くつて、小汚く、恐ろしく小さい家の中に、坐つてゐるのである」（「貧乏一期、二期、

三期　わが落魄の記」）

私小説には困窮が似合う。定型フォーマットと呼びたくなるほどに。赤い手拭をマフラーにして風呂屋にカップルで出向く「神田川」に代表される4畳半フォークは、その名の通り、8畳でも2LDKでも2世帯住宅でもないからこそ成り立った表現なのだ。家に風呂さえあれば、川沿いを歩く必要性はなくなる。追い炊き機能付きの風呂からフォークソングは生まれない。

シャンソン歌手・淡谷のり子の辛辣な言葉が残っている。「私が演歌を嫌いなのは、それを音楽として認められないということのほかに、もう一つ理由があります。それは、演歌のもつ貧乏臭さが、私にはとてもたえられないからです」「ちらつくもの欲しげな心が、私には、たまらなく嫌なのです」。「もの欲しげな心」、これを現代語訳すれば、「私のことを分かってよ」という承認欲求だろうか。ナオトがインティライミしている人が歌ってきたような、どこまでもひたすら信じ抜く心の類いは、この「もの欲しげ」の堅持にも思える。個人と世界の境目を大雑把にすることで自由気ままに関連づけて、大仰に気持ちいい涙を流す。かつては「貧乏な私」と明記されたそれは「こんなちっぽけな僕だけど」とでも変換されるのだろう。

淡谷のり子の「もの欲しげな心が、私には、たまらなく嫌」は、たとえば『「のび太」という生きかた』（アスコム）なる自己啓発本がベストセラーになるような環境下を説明してくれるのだろうか。落ちこぼれでも自分らしくあればそれでいい……というPRが溢れる時代、「えっ、なんか最近、諸々やりにくいんだけど」と漏らすのは、のび太よりもむしろ出来杉君かもしれない。犬のコンクールで優勝するほどの名犬を飼い、賢い家庭に生まれ、欲しいものがあるときは親にねだらず家庭教師をして稼ぐという、揺るぎないスペックを持つ出来杉君。この時代、彼にこそ生きづらさ、コンプレックスが生じやすい。親は「こんな時代だからこそ、自分と同じように」と優等生としての既定路線を強いる。抗おうとすると周囲が素早く「ってか金持ちじゃん。贅沢な悩みじゃんか」と伝えてくる。このプレッシャーを溜め込む。ここに表現者としての爆発力が備蓄されるのではないか。

芸術とはそもそもお金持ちのためのものだった。北沢憲昭『美術のゆくえ、美術史の現在』（平凡社）から孫引きすると、1927年に刊行された雑誌『美術新論』にはこんな記載があったという。

「『醒めたる民衆の大部分が、諸君を目して「ブルジョア芸術家」と侮蔑し、醒めざる民衆の大部分が諸君に無関心であり、盲目的に憎悪をもっているのは、蓋し無理もない』とにべもなく、美術家の社会的な意義を否定する。そして、『目醒めよ！　アトリエのガラスを砕いて社会へ出よ！』と美術家に対して社会現実への覚醒を求めるのである」

めっちゃ厳しい。この頃から、ゲージュツなんて金持ちの遊びなんだから社会に出て何かしろよ、との野次が飛んでいたのだ。現在、「アトリエのガラスを砕いて社会へ出よ！」というメッセージが似合うのは誰か、それはいつまでも自分の才能を妄信して、そしてその妄信が足りなくなれば、同じような立場で寄り合い「うん、いいよ、おまえの作品」と励まし合っている、三十路間際のすねかじり学生だろう。決してブルジョアではないこの三十路間際には槍が向かうが、ブルジョアには直接向かわない。直接向かわないほうが悶々としてコンプレックスとして溜まりやすいというのは、ここまで探索してきたコンプレックスの実像からも明らかである。金持ちが宙ぶらりんになる。「親が金持ち」という、個人で隠蔽しようと思えば隠し通せるものを確かに隠し通してきた誰かに溜まりやすい。何かを表現し、その表現が行き渡ったところで放たれる「あいつ、親が金持ちなんだぜ」に怯える誰かだ。２０１４年度の「東京大学学生生活実態調査」で、東大生の世帯平均年収はその54・8％が９５０万円以上との数値が出ている。つまり、東大生の過半が「親が金持ち」なのだ。「あいつ、イイ家で育ったんじゃん」という直接的な合図はコンプレックスになる。

政治家時代の橋下徹は、庶民の味方を気取った。庶民の味方を気取るために真っ先に打ち出したのが、文化事業を「そんなもんいらん」と表明することだった。文化事業＝エリートのもの、そんなもんいらん＝庶民の声、という分かりやすい数式を繰り返し提示する方法が支持率にも跳ね返ってきた。大阪フィルハーモニー交響楽団への６０００万円を超える補助金をカットし、「行政や財界はインテリぶってオーケストラ（が大事）とか言いますが、大阪はお笑いの方が根付いている」と発言した。府知事から市長に変わるや否や、その楽団がかかわるイベントの壇上で「クラシックは大阪を発展させる上での貴重なツールですのでよろしくお願いします」と言っており、要するに背骨のない軟体動物のようなお調子言論なのだが、「オーケストラ＝インテリ」との数式を持ち出し、文化事業を高尚なものと引っ張り上げ、「自分は違う、みなさんと同じ目線です」と安易な同調を得たかったたけなのだ。

「24時間仕事バカ！」を提唱している幻冬舎刊行のインテリオッサン雑誌『ＧＯＥＴＨＥ』に、「男が最後にたどりつく買い物はアートだ！」という特集を見つけて苦笑い。レストランだ、腕時計だ、スーツだ、夜景だ、秘書だと浮ついてきたが、最後にたどりつくのはアートなのだ。こうなれば、橋下による「オーケストラ＝インテリ」の数式も嘘ではなくなってしまう。24時間仕事するのではなかったのか。自分から言う以上に、周囲からボソボソとバカと言われていたことに遅ればせながら気付いたのだろうか。

いくつかの事例を五月雨式に並べると、「金持ち」という状態は意外にもハードルになりうることが分かる。精密なハードルではなく大雑把なハードルとしてそびえ立つ。実際の「親が金持ち」はいかなるコンプレックスを抱えているのか。

床暖房付きの12畳で育った鬱屈をパンク音楽として表現した、送迎車で通った小学生時代に車の中で読んだ太宰治が小説家としての始まり、そうそう、少しでも小説に浸っていたくて遠回りしてもらったんだよね、という声は一向に聞こえない。それは、存在しない、ということではなくて、実は声なきコンプレックスとして育まれているのではないか。いや、そんなのはこちらの思い過ごしで、そもそもコンプレックスではないのか。直接聞きに、横浜の市内を高台から見下ろす、高級住宅街へとタクシーを走らせた。

その2 昆虫好きクイズ女王・篠原かをりインタビュー

「マンションを1棟買って、一部屋一部屋にダメな男を住まわせよう」

テレビを見ていたら、気になる男には「電話番号はいいから口座番号を教えろ」と告げる、と話している女性が映っていた。清々しき名言である。

現役慶應大学生にして、数々のクイズ選手権番組に出演し、大の昆虫好きが高じて『恋する昆虫図鑑』（文藝春秋）を刊行した篠原かをりは、虫集めと同様のテンションで〝ヒモ〟を飼い続けているという。彼女はとにかく親が金持ち。ある年の誕生日プレゼントはシャガールの絵だった。

手に入れたいものは、お金を使って全て手に入れてきた〝絶好の「親が金持ち」案件だが、そのコンプレックスを引きずっているというより、打破しまくりなのだった。

COMPLEX

篠原かをり profile

1995年神奈川県横浜市生まれ。慶應義塾大学SFC研究所上席所員。第10回「出版甲子園」グランプリ受賞企画『恋する昆虫図鑑　ムシとヒトの恋愛戦略』（文藝春秋）で2015年に作家デビュー。『日立 世界ふしぎ発見！』（TBS系）のミステリーハンターや『クイズプレゼンバラエティー Qさま!!』（テレビ朝日系）の解答者など、テレビでも活躍。麻生羽呂と共著の『LIFE　人間が知らない生き方』（文響社）、『サバイブ　強くなければ、生き残れない』（ダイヤモンド社）も話題に。その他の著書に『フムフム、がってん！　いきものビックリ仰天クイズ』（文藝春秋・田中チズコと共著）や『ネズミのおしえ　ネズミを学ぶと人間がわかる！』（徳間書店）がある。https://shinoharakawori.com

――今は一人暮らしされているそうですが、とにかく大量の虫を飼っているそうですね。

篠原　虫がいるのでひとりでも寂しくないですね。ずっとカサカサ音を立てているので。クワガタは累代飼育といって、中学生の頃から代を重ねて大きくしていきます。大きい血筋のオスに大きい血筋のメスをかけていき、どんどん大きくしていく。大きくするだけじゃなく、色も変えられるんです。

――虫の話はさておき、今日は親が金持ち家庭に生まれた方ならではのコンプレックスがあるのではと、ご実家まで押しかけた次第なんです。

篠原　うちは父親が頑張っている感じで、弟は結構ポンコツなんです。ポンコツなんですけどイケメンで、運動神経がめちゃくちゃよくて、生きてるだけでハッピーみたいな人間。親よりもそんな弟へのコンプレックスが強いですね。「こいつ、将来何も成し遂げなくても、ボンボンのままで存在価値がある」と思っていて。

――親が金持ち、そしてこのルックスを活かせば、このまま安穏と暮らせるぞ、と。

篠原　はい。だからなのか、父親はむしろ私に期待しているんですが、何をやっても「親のおかげ」で終わっちゃう空しさがあります。昔付き合っていた人が、ものすごいお坊ちゃんだったんですが、高校卒業してから大学へ行かずにバイトして、京大のサークルに入っている女の子に傾倒し始めた。私、インカレに入る女の子って甘ったれてると思っているので、めちゃくちゃムカついたんです。その彼から「あいつはお前と違って、自分の力だけで生きている」って言われた。もうムカつきすぎて……それが最大のコンプレックスです。どこまでいけば、親から与えられたものを超えて自分の成果になるのか。

――色々な人と様々な経験を共にしても、最終的に「アイツ、めっちゃ金持ちだし」みたいにシャットアウトされてきたのでは。

篠原　自分のアイデンティティの一番が「親が金持ち」になってしまう。でももっと金持ちの家はいくらでもあるし、そうすると、私の存在って何、と思ってしまう。私の周りには裕福な人が多いから、際立って金持ちだったたってわけじゃないんです。特に小中高時代は一貫校で、本当の金持ちはもっとすごいって分かっていたから。

――一貫校って横浜雙葉ですよね。クラスに30人いたとして、自分の家の金持ちレベルはどれくらいだと思っていましたか。

篠原　横浜雙葉は「なんちゃって金持ち」が多い学校で、私が把握している範囲では、学年で一桁に入るくらいのお金持ちかなとは思ってましたね。

――本物と偽物をどうやって見分けるのでしょう。「電車を乗り継いで来やがって」みたいなことですか。

篠原　意外と普通のサラリーマン家庭の、真面目な家の子が多かった。中には小学校の遠足から大学に入って遊ぶまで、「こいつがバーバリー以外の服を着ているのを見たことがない」って子もいましたけど。

——幼少期に、自分の家が「あっ、お金持ちだぞ」と自覚した瞬間ってありましたか。

篠原　高校に入ってから「誕生日プレゼントにシャガールの絵を買ってもらった」って話をしたらウケたときですかね。「シャガールであんなにウケるんだったら、ミュシャも出しておけばよかった」みたいな（笑）。

弟　こんにちは。

（ここでイケメンの弟が帰宅。なぜかそのまま取材場所に居座る）

——イケメンですね、確かに。

篠原　あの前髪は、自信のあるやつにしかできない前髪ですよ。同じクラスにいたら絶対に会話しないタイプ。

——さては、イケメンという自覚がありますね。

弟　はい。

篠原　お金持ちコンプレックスというよりも、弟に対するコンプレックス。「私も何かしなきゃ」と思って、本を書いたりし始めたのかも。

弟　でも俺、無職だよ。

——ところで篠原さんの本が出たとき、ご母堂がAmazonで大量に購入し、カテゴリの1位になったそうですが、そんなこと、普通の親はなかなかやってくれません。

篠原　私の本は、購買層がうちの親しかいないんです（笑）。

——高校時代にクイズ研究会を立ち上げたそうですが、自分発信で何かをやらねば、との思いを持たれたきっかけがあったんですか。

篠原　親が小中高一貫校にノリで入れてしまい、お嬢様に育て上げようと思ったのでしょうが、私にはとにかく合わなかった。先生を見返すためにも絶対にいい大学に入りたいと思ったんですけど、とにかく勉強ができなかった。ＡＯ入試しかないと思って、そのために「生物学オリンピック」と「高校生クイズ」に出て賞を獲ろうと思った。実際、それで何とか入れたんです。

——学校まで近かったのに、遅刻を年間１００日したり、欠席も多かったとか。なぜでしょう。

篠原　学校がとにかく嫌いだったんです。ちょっと具合が悪いと絶対に休みたいと思ってしまって。「37度2分、これは学校行けないや！」って。遅刻は、家が近いからこそしてしまうんです。みんなは電車の時間に間に合うように出ているのに、私は「今から走っていけば、足が速い日だったらギリギリ間に合うだろう」くらいの時間に出かける。で、大体間に合わない（笑）。

——学校の何がそんなに嫌だったんですか。

篠原　とにかく厳しい学校で、常にハンカチを持ち、髪は三つ編み。私の苦手なことばかり要求してくるから、お互いに嫌いになっていく……みたいな感じで。

——「ハンカチ持ってこい！」と言われて「ハンカチ持っていこう」とは思わなかったんですか。

篠原　毎回、偶然にも忘れてただけなんです。小4で不登校になったんですが、結局、高3まで通って卒業したんですけどね。

——学校に通っていた高貴な人たちの中には、ハンカチも持ってくるし、遅刻はしないし、なんでもできる人がいたはずです。

篠原　なんでもできる人は、小学校で雙葉を出て、桜蔭に行きましたね。そこでもう明暗が分かれていくんです。

——中学で雙葉にいるようじゃダメだと。

篠原　しょせん二流校ですから（笑）。四谷雙葉じゃなくて横浜雙葉ですし。

——小学生の時に、「中学は桜蔭に行かなくちゃダメだ」みたいなムードを感じてはいたんですか。

篠原　学校の定員が少なくて、一学年100人弱。その中で桜蔭に行ったのはふたりだけ。「あの人たちは仕方ないよね」って感じだったから。今、大学で昆虫の研究をしているんですが、本当は昆虫学を学べる大学に行きたかったんです。でも、親のプレッシャーに負けてしまい……早慶以上を狙う私が入れそうな大学には昆虫学を学べる大学がなくて。

——大学の名前を優先したんですか。

篠原　そうですね。勝ち負けで考えたときに分かりやすく勝ちたい、という思いがあり、慶應を選びました。

——そもそも昆虫に興味を持ったきっかけってなんだったんですか。

篠原　父の田舎で虫に触れ合う機会が多かったんです。とにかく多様性があり、勝手に持ち帰っていい、っていうのが魅力的で。毎年カブトムシを採りに行きましたね。

——人間はあまり好きじゃないんですか。

篠原　好きですよ！　ただ、結構細かい違いに目が行きがちで、虫って、たとえばオオヒラタシデムシとシデムシの違いとかそういう微妙なことで違っているのが嬉しいんです。

——奈良まで新幹線に乗って昆虫採集に行ったこともあるとか。

篠原　センチコガネですね。フンコロガシの仲間なんですけど、メタリックでピカピカなんです。地域ごとに血統が固まっていて、奈良公園のは体が瑠璃色の深いブルー、熊本だと黒っぽい。地域ごとに色が違えば全て集めたくなりますよね。

——奈良へは、おばあちゃんからもらった入学のお祝い金を使って行ったとか。

篠原　それだけじゃなく、大学入って初めてバイトして新幹線代を貯めました。虫採りの世界では、大金払って新幹線に乗ってまで虫採りに行くっていうのはよくあることです。お金がない人でもバイトをして、お金が貯まったら東南アジアに採集旅行に行くみたいなこともあるし。

――では昆虫欲は高校時代までかなり制限されていたんですね。

篠原　高校時代は親が厳しくて、夕方6時以降に許可なく家から出ることができなかったので、買うしかなかったですね。

――買うしかなかった（笑）。

篠原　いくらでも買ってもらってました。父は私にモノを買うのが趣味で、鬼のように買ってくれるんです。お金を使うことで、ほかの悪いものにひっかからないようにする、みたいな感じ。そんな教育方針なので「手に入らないものがない」って感じだった。大学生になった今も買ってくれます。「えっ、プラチナコガネなんて本当に買ってくれるの？」って。

父とは海外旅行にもふたりで行きます。飛行機は疲れるので、基本的にはビジネスクラス以上です。ホテルも一番いいところに泊まります。今まで家族とどこかの旅行へ行って、その場所の一番いいホテル以外には泊まったことがないですね。

――高校時代は小説を書いていたそうですね。お金持ちが主人公の小説ですか。

篠原　文芸部に入っていました。今でも書いていますが、直近で書いたものだと、自分の経験がもとになっているので、北欧に行った話が含まれています。飛行機の中を描写するにしても、グレードの高い席の描写しかできないので、設定として主人公がある程度お金を持っているハメになる。本当は、エコノミークラスくらいだったら、乗って書けばいいんですけど。

――マツコさんの番組（『アウト×デラックス』）に出たときに「男を飼っている」との話をされていましたが、そういう話ってポップに広まりますよね。抵抗感はありますか。

篠原　あまりないですね。

弟　ないのかよ。持てよ（笑）。

篠原　生き物を飼うのと同じ感覚なんです。貢いでる感覚ではなく、私のほうがお金を持っているから、当然のように私が出す。それだけです。でも、それは私がテレビのギャラをいただいていたり、これまでの蓄積で時給のいいバイトをできているから出せるのであって、「親が金持ち」だから、そのお金をそのまま流していると思われるのは心外ですね。

――でも、周りの人はそう思いますよね。

篠原　そうなんですよ。男と女がいたら男が払うべきって風潮もまだありますけど、都合のいいほうがお金を出せばいいはず。おごってもらうことに人生をかけている人って、それはそれで潔いんですよ。養われて生きることに全力を汁ぐって生き方のひとつだと思うから。逆にちょっとおごってくれたくらいであとでなんか言われるほうが面倒臭い。そうじゃない人を飼う。大学1年の頃から同じ人をずっと飼っています。趣味の範囲で「この生き物にだったらこれだけお金を使える」っていうお金を注ぎ込む。将来的にありえないほどお金持ちになれたら、マンションを1棟買って、一部屋一部屋にダメな男を住まわせようと思っています。
弟　一部屋、お願い！
母親　こういう爆弾発言をあちこちでしてくれるので、ハラハラしちゃうんです……（苦笑）。
弟　凍るよね！
——以前出演されたテレビ番組では、男をアリにたとえ、「働きアリの中で怠けているアリだけを残していって、一番とんでもないアリを残したい」って話をされていましたね。
篠原　そうなんです。最後には「フリーライダー」と呼ばれる、何をしても働かないダメなやつが残るんです。
——そのためには、やはりマンションを建てないといけない。
篠原　徐々にダメ男たちがそのマンションから出て行く中で、一部屋だけ究極のダメなやつが住んでいるっていうのが最高じゃないですか。
——今、「若者の雇用が……」などといった報道が繰り返されていますよね。「最低賃金を1500円にしろ」とか。そういった報道を見て思うことはありますか。
篠原　「最低賃金上げろ」って、運動する時間があるならば、その時間、働いたほうがマシだと思う。そういうのが趣味な人だな、って思ってしまうから。そういった運動をしてる人って生命力に溢れている。私は「気づいたら大学も辞めてて、そのうち死んじゃうんじゃないかな」って人が好きなんです。クイズ周りには高学歴クズが多いんです。昔は神童と呼ばれたけど、一人暮らしをした瞬間に生活がダメになり、留年して退学、みたいな。そのくせ偏屈な人が多い。私の世界で好きなもののランキング1位が弟で、2位が飼ってる犬で、3位がヒモです。

弟　犬に勝った！　めっちゃ嬉しい。

篠原　でも犬と弟はすごい僅差だから。

――それは昆虫を混ぜてもそのランキングなんですか。

篠原　そうですね。全部守ってあげたいものなんです。どんなことがあっても私が守るって。いつ親が金持ちじゃなくなるかは分からない危険は感じています。だから、もし慶應に行けなかった場合は、切り替えて、勉強しなくても入れるいい感じの女子大に潜り込んで、いい感じの高学歴の男を捕まえて、完全にお嬢様あがりのおとなしい奥さんとして平穏な人生を終えようと思っていました。

――その予防線、すごく嫌なやつに見えます（笑）。

篠原　でも大学を留年しても全然怒られなかったので、浪人させてくれたと思うけど。「なんでこんなにお利口なのに留年したんだろうね。かわいそうだね～」って言われたから。

――誰にでも自己顕示欲ってあると思います。ミュージシャンだったら音楽を作る、画家だったら絵を描く、篠原さんの場合、「金持ち」「昆虫に詳しい」とかいろんな外に出せるアイテムがある。その手持ちのアイテムとして昆虫と金持ちって、どのように違うのでしょう。どっちが嬉しい、嬉しくない、なんてありますか。

篠原　どっちにしても上には上がいますからね。お金については、私がお金を持っていて、お前が欲しがるなら、私はお金をあげたい、それだけです。ハトにエサをあげたい気持ちと一緒。この前、よく遊んでいるお金持ちの友達と、「ホストクラブに行って、一番ブサイクでダメそうなホストにドンペリを開けてあげたいよね」という話をしていて。そいつの人生のハイライトを作ってあげて、何事もなかったかのように帰りたいと。「それだな！」と思いました。

――モテないコンプレックスがあるそうですが、ヒモとはいえ、たくさん男の人が周囲にいる環境にある。これを「モテてる」には変換できないんですか。

篠原　ヒモから寄ってくるわけじゃなくて、私が野良のヒモを見つけ出して、半ば誘拐のような形で捕獲しているだけですから。私が今、慶應で所属しているゼミは、オスカー所属、モデル、ミス慶應候補……みたいな、かわいい子ばかり。そのゼミの集合写真をヒモに見せたら、「キミは慶應で何番目にブスなの？」って言い出して。「こいつ、私からお金もらってる分際で、なんで媚びない？」って。まあ、そこがいいんですけどね（笑）。

横浜の高台にある豪邸にタクシーで辿り着き、お金持ちにしか飼えなそうな大きな犬に凝視され、ベルナール・ビュフェの絵画が飾られた大きな部屋に通されると、静かな微笑みを絶やさないご母堂がオシャレなティーをいれてくださる。「親が金持ち」が作り出した環境下で親が金持ちならではのコンプレックスを快活に語る篠原さんを、イケメンを自覚する弟が見守る。たぶんこの関係性は屈強で、彼女がメディアを通して何を言い放とうとも、支えようとするのだろう。だが同時にこの揺るぎないシステムはコンプレックスにもなる。その岩盤をガリガリ削ろうとする彼女の舌鋒が魅力的だった。

その3 親が金持ちならではの表現なんてあるのか

かつては執筆業でそれなりの収入を得るも、仕事が徐々に目減りして今ではスパゲティ屋でバイトしながら生計を立てている知人が嘆いている。「ったく、この年でフライパンをふることになるとは思わなかったよ」。この発言はたぶん、フライパンをふっている人たちの逆鱗《げきりん》に触れる。

プロ野球のオフシーズンになると、戦力外通告を受けたプロ野球選手が復帰をかけてトライアウトに臨む番組が何本か組まれる。トライアウトでそれなりの結果を残したのに球団からのオファーがなかなか来ない。4年前にドラフト1位で入団した期待のスラッガーが「ラーメン屋でもやります」とポツリと言い漏らす。これもまた、同じくラーメン屋の逆鱗に触れる。いや、実のところ、戦力外通告後の「ラーメン屋でもやります」発言を確認したのは10年ほど前のこと。この10年間で、気合いの1杯作ってます、との精神論がラーメン屋から明らかなる供給過多で流れてくるようになったので、野球選手は「ラーメン屋でも」とは言わなくなった。幼少期から「キレイ！」と言われ続けてきた自覚が発露している妻が「これからも支えていきます」と健気につぶやく戦力外通告番組を私たちが好むのは、人間が持つ卑屈な感情のひとつである「ざまあみろ」を画面に向けてじっくり注げるからなのだろうか。

この逆はあり得ない。「渾身のペペロンチーノがまったく客に受けないので、恋愛小説でも書きます」であるとか、「継ぎ足してきた秘伝の豚骨スープをうっかり全部こぼしてしまったので、今年のドラフト会議で指名してもらってプロ野球選手になります」という発言は、どう考えても論理が破綻している。やはり、「執筆業＞スパゲティ屋」「プロ野球選手＞ラーメン屋」は正しい数式なのだ。しかし、その時の「＞」って、いったい何が「＞」なのだろうか。

「＞」なのは、リスクではないか。突然に稼げなくなるかもしれないリスク。そのリスクの見返りは、「自分でしかできないことをやっている」という自負が世間にそのまま直接振る舞われること。その自負が保たれるために必要なのは、認められ続けること。もはや飲食業こそそういう認識に置かれつつある昨今だが、いずれにしても、認められる、認められない、というのはどこまでも感覚的な査定である。1万円の原稿を1日かけて書くよりも、左にある情報を右に移すだけで10万円もらうほうが、当人の財布は潤うのだから、賃金と承認とリスクにひとつの数式は見出せない。あくまでも「自負」に対応する「＞」であり、となるとやはり、リスクはお金に直結するのであった。本書の元となる原稿をネットにアップした際、「芸術とか美は、お金のあるなしで良し悪しは決められないと思う。もっと魔的な『何か』で決まる」とのツイートがあったと編集者から知らされたのだが、もちろん、良し悪しが決まるとは思っていない。しかし、「魔的な『何か』」などとそれっぽいことを言っている間に、お金の有無でやり続けられるかどうかが決まってしまう現実はやっぱりあるのだ。

森三中の大島美幸は数年前にクレジットカードの審査に落ちている。通常プランだったそうだが、カード会社からの返事は「今回はご遠慮させていただきます」だったという。大島は「芸人ってどんだけ信用ねえんだよ!!」(鈴木おさむオフィシャルブログ・2011年7月7日)と怒った。正しくお金を取り扱う世界からの冷淡な診断結果が「保証できるレベルではない」だった。

いきものがかりは活動休止を「放牧」という言葉で表現したが、そのユーモラスな言葉遣いは、これまで少なからず拘束されていたことを教えてくれる。どんなスターバンドであっても本人たちが管轄しえない外圧があって、最初のシングル曲はアップテンポだったから次はバラードでヨロシク、とシングルカット曲を選ばされてきたわけである。社会風刺をライムしてきたもののちっとも売れなかったラッパーが、突然「母ちゃん、ありがとう、リスペクトマザー」と歌い始めるのには、「そろそろヤバいよ。こういうのやってかないと」と踏み込んできたマネジメント側の意向がちらつく。ギョーカイが放つ意向には、札束が見え透ける意向とそうでない意向の2種類がある。前者の意向を飲みこんでから生まれた「母ちゃん、ありがとう」のライムは、「んもう、恥ずかしいったらありゃしないよ」と照れ笑いする母親と、相応の売り上げを生む。「そろそろもう一回ああいう感じのを」とオファーが定期的に舞い込むようになり、親を使った後には親友を、謝りたくても謝れなかった同級生を、初恋の人を、今想っている人を歌い上げるようになり、メディアに紹介される時には「ラブソングマスター」などと呼ばれるようにもなる。それは、経済活動を優先した「エコノミックマスター」でもある。エコノミックのマスターになることはちっとも悪いことではないけれど、そう言われることを歓迎はしないはず。

「親が金持ち」というのは「親の七光り」とは違う。前者が持つのは充実した中身の財布で、後者が持つのは親との比較だ。宮崎駿の息子・宮崎吾朗の作品はどうしたって、父の作品を存分に光らせた上でその光度の過不足を指摘されるわけだ。ただ単に「親が金持ち」だと、それが前提にはなるものの、歴史や思想が介在しない。隣県にある名店にヘリでランチを食べに行くというような徒労をわざわざ晒したりはするのだが（そんな番組を観た）、世間から定期的に放たれ続ける「結局は親を超えらんない」が向かうことはない。七光り状態に置かれると「オレの父ちゃん三冠王だぞ！」と叫ぶ落合博満の息子・福嗣クンのように開き直ることでしか、前向きな振る舞いが許されない。その仕組みは分かりやすく残酷だ。

桐野夏生の小説『ハピネス』（光文社文庫）はタワーマンションに住む主婦たちの、細かく積もるプライドが人間関係の軋みとなっていく群像を冷酷に描く。「イースト」と「ウエスト」に分かれているタワーマンション、日照条件の良い「ウエスト」の上階は一等地とされ、日当りの悪い「イースト」の低層階は見下される。見下された側は、同じ「タワマン」の住民に自尊心を傷つけられる。無論、この差異を生むのは家庭の財政である。それしかない。家庭の財政に自尊心が左右されていく。住まう場に、全ての差が提示されるからこそ体に刺さる。この小説が描くのは、「どれほど地位の高い男に守られているか」という現在地を必死に保持し、一方で上回ろうと試みるプライドの合戦である。こういう「出来合いの金持ち」には「親が金持ち」にあるどっしりと構えた感じがないからこそ冷酷さも露出する。

「親が金持ち」は、表現と直結しにくい。目の前で取りかかっている作品に「親が金持ち」は作用しにくい。あくまでも「設定」であり「現在」ではない。七光りは常に「現在」。常に光っているから、七光りは乗り越えられない。問われっぱなし。長嶋一茂の野球解説が茂雄の気配を消した上で受け入れられる日は未来永劫やってこないのだ。走塁ミスを指摘する一茂には、「いやオマエ、そもそもろくに出塁できなかったじゃねえか」との野次が飛び続ける。松田聖子の娘の歌は松田聖子を超えない。超えられない。

「親が金持ち」は乗り越えられる。あるいは隠し通せる。埋蔵できる。過去と未来、つまり「表現活動をこれから始めようとするとき」と「表現活動を振り返ろうとするとき」にだけこびりつく。始めたときには、ザ・日本的ムラ社会特有のやっかみが当人を襲う。「だってほら、金持ちだからねぇ」とヒソヒソ話が囁かれる。或いはキャリアをまとめる頃合いになって、「あの人はほら、親が金持ちだったから」と再びやっかみが当人を襲う。

でも、最新シングルを出したときに「口ずさみたくなるサビメロだけど、家が医者だからでしょ」とは言われない。親が井上陽水だからとは言われても、だ。日頃は静かに事務の仕事をしているという友人女子は、飲むとへべレケになるのだが、2時間ほど経つと決まって「結局は土地。土地を守る！」とグダグダ述べる。自宅の土地が残りさえすれば結婚なんてしなくていいと言う。周囲にいる私たちは否定するはずもなく「だよな、土地だよな！」と合わせる。自分にとって最善の状態とは何かを問うた後に導き出される正解って、そんな簡単に他人からはまさぐれない。それぞれにルーツがある。そして、ルールがある。

「明日の生活にも困るくらいだったから、手持ちのCDをdiskunionに売りまくってたけど、ギターだけは手放さなかった」ミュージシャンAの話を、「親が金持ち」のミュージシャンBは模倣することができない。Aは成り上がった後、その苦労話を操る。苦労話のツボが分かってきて巧妙に話せるようになり、必要以上の共感を得るAもいるだろう。いつの時代も苦労話がある程度の潤滑油になるのは、喜怒哀楽全方向に操縦できる万能性を持つからである。でもBは使えない。持っていない。苦節物語をどうしたって編めない。

自分の物語の前提に、必死を用意できない。

「親の七光り」ならば物語がなくてもすでに特別な場所が用意されているわけだが「親が金持ち」だからといって何かしらの場所が特別に用意されるわけではない。夢に向かってひた走る貧乏ミュージシャンAは、安っぽい袋に6つか7つ詰められたバターロールを食べているが、Bは潤沢な仕送りをもらいながら、ああゆうバターロールはパサパサしていて紙の束を食べているみたい、と腹の内で思っている。「親が金持ち」のBは、「それなりになるまで」の期間、幾度となく「親が金持ち」がコンプレックスとして顔を出す。定期的に稼げるようになれば、「親が金持ち」は途端に下支えになる。「定期的に稼げるかどうか分からないリスク」に常に覆われている表現の世界において、今現在が常に大丈夫なBって、きわめて羨ましい存在であろう。誕生日プレゼントはシャガールだ。

　それなりの程度の存在になったAとB、その時点でAがBに向かって「親が金持ちのくせして」とは言わない。だって、そんなこと言ったところでBはぐらつかない。逆に金を持つようになったAは、金があることにすぐには馴染めない。安っぽいバターロール的な衝動がまだまだ残ってるんだ、忘れねぇよ、と自分の心をちょびっと捏造《ねつぞう》しようとして、どこぞのティラミスを食べながら、これでいいのかともがく。動揺する。いざ同じ土俵に立ったとき、Bはむしろ Aよりも有利に思われる。だからこそコンプレックスを抱える。堂々巡りな気もするが、堂々巡ると、その巡りを覆せない「親が金持ち」が重しにもなる。

第６回

セーラー服

その1　直視できなかったから

性差はある日突然そびえ立つ。昨日まで一緒にお風呂に入っていた娘が父親に向かって「もう一緒に入れない。いや、入りたくない。入ってたまるか」と方針変更を唐突に宣言する。「ずーっとパパと入るんだもん」と誓っていた数年前のマニフェストは、「最低でも県外」と誓った民主党政権ばりに真逆の結果を招く。

ある日を境に、休み時間のドッジボールに参加しなくなった女の子がいたことを覚えている。「みんな一緒」が「男子と女子」にほんわか分離していったのは小学4年生くらいだったろうか。「ほんわか分離」状態は小学校が終わるくらいまでは保たれる。ほんわか分離しても、体育の授業前には同じ部屋で着替えていた。男子は、おい、あいつブラジャーしてんぜ、と発育のいい誰かのスポーツブラを冷やかしてはいたものの、あくまでも分離は「ほんわか」に留まった。言われた相手がそれを「ほんわか」と思ったかどうかの確認はしていないのだから無責任だが、少なくとも投じているほうはそういう感触を持っていた。

中学生になると「ほんわか」ではなく明確な分離がやってくる。明確な分離を伝えるのが制服。詰め襟の男子、セーラー服の女子。男女共にブレザーでも「ネクタイ＋ズボン」と「リボン＋スカート」と区分されれば、ドッジボールに男女が入り交じる光景は作れなくなる。見た目が強い信号となるから、それに従わなければ非道と認証される。トランスジェンダーを認識するひとつのタイミングに、制服が要請する、あるいは強制する性の役割がある。つまり制服とは、そびえ立つ性差の象徴になる。

組閣し直されるたびに国会の階段で集合写真を撮り、「ほら見て、要職にこれだけたくさん女性を入れてみましたよ」と自慢げに数名の女性を見せびらかすが、あれは、男が立つのが基本とされている場所なのに女性を入れてあげたよ、という姿勢の表明である。男の主導を維持する前提を乱さない女の姿だ。ドッジボールから女子が抜けて以来、何十年も経つってのに、男子は女子に対する優位性を保持してしまっている。どうするこうすると扱いを思いあぐねるものの、結局は現状のママでいいと思い込んできた。

でも女性は思いあぐねているだけでは済まされない。長友佑都と結婚した平愛梨がその婚約会見で「毎日聴いている」と言及した、さだまさしの「関白宣言」。周知の通り「俺より先に寝てはいけない　俺より後に起きてもいけない」と理不尽極まりない方針を宣言しているが、「ああ、そうですか、それじゃワタシは一度寝たまま金輪際起きるのをやめるわ」と開き直る権限はどうしてだか女性たちには認められず、良妻賢母なんて言葉を社会全体で必死に更新してきた男の関白宣言に、女性は豪快に、あるいはジメジメと苦しめられてきた。男たち、と複数形にすれば自分も含まれてしまうので憚《はばか》られるけれど、男たちは立ちはだかる性に動揺してきたくせに、なんてことない素振りを見せながら乗り越えようとする。その居丈高な態度を「関白宣言」のような先手必勝で強引に押し切ってきた。

そびえ立つ性の象徴のひとつにセーラー服がある。男性は、あの存在をどこかのタイミングで、分離の象徴として認識する。性差をそびえ立つ壁とするか平然と嗜《たしな》むかには個人差が生じるけれど、なかでも性差としてのセーラー服を直視できなかった表現者が、自分の創作に居残ったコンプレックスを忍び込ませ、煮込んでいる可能性を問うてみたい。鷲田清一が『ちぐはぐな身体　ファッションって何？』（ちくま文庫）のなかで、ファッションについて語る前段階として「みんなが共有しているさまざまの既定の観念や規範と格闘することからそれぞれの人生をはじめる」と書いた。セーラー服はそう簡単に共有することのできない観念であり規範である。それらと格闘するのだ。

セーラー服はすべての男子にとっての憧れだった、と決めつけられがちだが、そうは思えない。いくらでも隣にセーラー服が座っていた時期に、それが憧れとして鎮座していた感覚は少ない。あの存在を受け止めきれた、との感覚もない。女子高生（女子校生）もののAVは、ブレザーよりも圧倒的にセーラー服。それはダサいくらいに記号的に作られているように思えるが、多くの男たちは、セーラー服という存在感が頭の中で未消化なまま残存していると思われているということなのだろうか。いずれにせよあれがセーラー服の存在感を必要以上に引っ張り上げ続けている。「ロリコン」という広域な揶揄ではつかみきれない。制服を着る、とは「自分で着るものを選べない」と変換することもできるが、でもそれは、あれって抑圧のしるしだったんでしょ、と外から身勝手に策定しているだけかもしれない。

フランスのジャーナリスト、アニエス・ジアールは、日本独自のエロカルチャーに迫った『エロティック・ジャポン』（河出書房新社）の中で、とあるアダルトショップで見かけた『少女焼失』というビデオを観て驚愕したと記している。このAVに女優は存在しない。地面に並べられたいくつもの制服にアルコールがぶっかけられ、1着ずつ焼かれていく。その制服は、焼かれるごとに普通の学校の制服から名門校の制服へと移行していく。名門・難関女子高の制服ほど欲情する、との性癖に向けて作られた映像なのだ。制服を透明ビニールに入れてゴミとして出し、その制服を清掃員がゴミ収集車に放り投げていく模様を収めた映像もあるという。身体なきもの、身体をくるんでいたものを陵辱することで興奮が生じるのだ。セーラー服というアイテムに、至らなかった欲や念や記憶をこめてしまう。届かなかったものへの想念がセーラー服として表出しているのが現代美術家・会田誠の初期作品『あぜ道』。セーラー服を着た少女の髪の後頭部の分け目がそのまんま田んぼのあぜ道に繋がるというこの作品。ポイントは「背後からの視点」。直視できないものとしてセーラー服。

セーラー服には大きな襟がある。『あぜ道』でもその大きな襟はあたかも根っこのような役割を果たし、そこから分け目とあぜ道が延びていく。セーラー服がなぜ大きな襟を持つかの理由を鹿島茂『セーラー服とエッフェル塔』(文春文庫)に見つけた。セーラー服は元々海軍のものであった。19世紀のころ、水兵は長髪にして後ろで束ねていた。「船の上はマストや索具など、延髄を打つ可能性のあるものに満ちている」から、束髪でいるのが最善だった。そして当時、そもそも「衣服というものは、めったに洗濯されなかった」のだ。だが、となれば長髪では、どうしたって背中が汚れてしまう。長髪があたる部分だけでも洗えるようにしようと、あの大きな襟が作られたのだ。

ブルマーが女性の体操着として取り入れられ始めたのは1900年代前半、初めて日本にブルマーを紹介した井口阿くりの功績が山本雄二『ブルマーの謎〈女子の身体〉と戦後日本』(青弓社)に紹介されているが、女子体育のあり方を学ぶために文部省から官費留学生としてアメリカに派遣された井口は、女子体育の振興とともに女子のための体操着の普及にも努めた。「いまだに袖が長い着物を着て、袴のヒモで胸を締め付けているのは女子の体育には向いていない」として、自分で考案した体操服を推奨した。その体操服が「上は長袖のセーラー服、下は膝下までの巨大なふくらみをもつニッカーボッカー風のブルマー」だった。ブルマーをセーラー服風にする措置はまったく日本ならではのもの。女性性の記号としてセーラー服が体操服にまで使われたのだ。

女学生がセーラー服を着るようになった理由には諸説あるが、男の学生に陸軍を真似た制服を着せたので、女学生には海軍を真似た制服を、との説がある。要するに思いつき。少なくとも男性から女性に付与されたものだった。そのセーラー服がいつのまにか若き女性を象徴する記号となり、存在感はどこまでも高まり、価値を保ち、たとえ生身がなくても興奮を呼び起こすほどのアイテムとして定着してしまった。

善の押し売りを重ねることで案の定、当人たちが疲弊してしまったように見えるグループにFUNKY MONKEY BABYSがいるけれど、彼らはシングル楽曲のジャケ写を、その曲のイメージに合う有名人のドアップ写真にしてきた。2010年に発売されたシングル曲「大切」では、成海璃子がセーラー服で登場している。もともと彼女の映画のタイアップだから、漂う臭いのおおよそは広告代理店臭。通常盤が髪をおろした成海だったのに対し、初回盤の成海は分け目をパックリつけた5：5分け。初回盤って貴重なもの。そっちの5：5分けセーラー服のほうが貴重だとの判断なのか。彼らの音楽は常に前向き、ひたすら晴天が続く。あぜ道なんかじゃない、夢という名の道。そんな道、あるんでしょうか。セーラー服を後ろから見た会田誠と真っ正面から見たFUNKY MONKEY BABYS

は文字通り180度違う表現をしている。

「ああ先生　フルネームで呼ばないで　下の名前で呼んで　お願い　お願いよ先生」と歌う相対性理論「地獄先生」では「セーラー服は戦闘服」と称されたし、「もしも君がいないと僕は登校拒否になる」と歌う銀杏BOYZ「あの娘に1ミリでもちょっかいかけたら殺す」では、「僕にとって君はセーラー服を着た天使」と称された。戦闘服と言われても天使と言われても、違和感は生じない。セーラー服は思索を自由に引き受ける。思春期と向き合い直し、それが創作のエネルギー源として投入されるとき、どうしたってセーラー服と向き合わなければならなくなる。

個人に寄りかかるだけではない。大林宣彦の映画『この空の花』では、セーラー服を着た女の子が一輪車に乗って「まだ、戦争には間に合いますか？」と繰り返した。勢い任せに膨張していく日本の戦後、男根のごとく膨張する社会をセーラー服姿で疑った。偉大なる妄想家・星新一の〝たった35年前の〟エッセイ集を開くと、ブスはミニスカートを穿き続けてくれ、だって、顔の悪い女はどこを見ていいか分からなくなるから、という主意の文章があって驚いたが、それほど、女性を見る眼差しは乱暴で画一的だったし、それが許されてもいた。その男の単一的な眼差しがようやく男に跳ね返ってきたのが現代、ということ。「まだ、戦争には間に合いますか？」と無表情で叫ぶセーラー服の女の子のメッセージを拡張すれば、その眼差しとは戦後を問うことでもある。

セーラー服は男が用意したものだ。「セーラー服を脱がさないで」とおニャン子クラブに歌わせたプロデューサーは、この時代に「制服が邪魔をする　もっと自由に愛したいのどこかへ連れて行って　知らない世界の向こう」（AKB48「制服が邪魔をする」）と歌わせた。彼が新しくデビューさせたグループの衣装はナチスの制服に近似しているとの指摘を受けて謝罪に追い込まれもしたが、制服を拘束のシグナルとして乱用し続けている。今の日本の男女観を彼に代表させたくもないが、あのように男が上空から「女たちを操ってます」との構図を晒せてしまうのはさすがに前時代のものと押し込めたい。でも、まだまだ機能する。機能させた上でそれなりに鋭い歌詞を歌わせたりもするのだが（欅坂46「サイレントマジョリティー」の「君は君らしく生きて行く自由があるんだ　大人たちに支配されるな」など）、そうやって男が用意した女に男が翻弄されてみたり鼓舞されたりという、身勝手に入り組ませた仕組みにどうしても陵辱を感じる。

直視できなかったセーラー服の存在をどのように受け止めればいいのか。かのイラストレーターと、濃縮したコンプレックスの象徴としてセーラー服を議論のど真ん中に置きつつ、コンプレックスとは何かの輪郭をつかむための対話を進めていく。

その2 イラストレーター・中村佑介インタビュー

「女の子と話せなかったから、僕はセーラー服を描いた」

とりわけ初期、イラストレーター・中村佑介が描く女の子にはセーラー服、しかも横顔の作品が多かった。それは、女子に憧れつつも直視できなかった学生時代の経験が作品に投影されているのではないか、と踏んだ上でインタビューを試みたのは4年も前だが、中村はこちらの見立てにすっかり頷いてくれていた。思春期にもろもろうまくいかなかったコンプレックスの象徴として、セーラー服という存在が鎮座しているように見えた。それからというもの、イベントなどで対談する機会を得れば、話はいつも思春期の歪みの話になる。そんな中村の「セーラー服」観、つまり、思春期へのコンプレックスの様相が徐々に変化してきたという。改めて「セーラー服」を軸にしたコンプレックス観を問うてみることにした。

中村佑介 profile

1978年生まれ、兵庫県出身のイラストレーター。大阪芸術大学デザイン学科卒業。ASIAN KUNG-FU GENERATION、さだまさしなどのCDジャケット、『夜は短し歩けよ乙女』『謎解きはディナーのあとで』、音楽の教科書などの書籍カバー、浅田飴、ロッテのチョコパイなどのパッケージほか、数多くを手掛ける。ほかにもアニメのキャラクターデザイン、ラジオ制作、エッセイ執筆など表現は多岐にわたる。画集『Blue』『NOW』（共に飛鳥新社）は合わせて13万部を記録中。教則本『みんなのイラスト教室』（飛鳥新社）、ぬりえブック『COLOR ME』『COLOR ME,too』（共に復刊ドットコム）、最新刊CDジャケット全集『PLAY』（飛鳥新社）も好評発売中。http://www.yusukenakamura.net/

――中村さんには以前にも「セーラー服」コンプレックスについてインタビューをしたことがありますね。

中村　以前のインタビューでは、自分が女性を描くのは思春期に「直視できなかった」「触れられなかった」対象を描いているから、という話になりましたね。武田さんが『月刊MdN』（2015年6月号・特集「少女の表現史」）で「中村の作品は、青春時代、女の子とうまくしゃべれなかった人が描いた作品だ」と指摘してくれて改めて納得した。たとえ接触がなくても、記号としておっぱいを大きく描けば、これが女の子の絵だろうと思っていたし、オリジナル漫画を描けば「やっぱり美少女キャラは出さないといけない」と思っていた。大学に入り、実際に女の子と付き合うようになると、エロ本とは違う体のラインや温度を知るし、精神年齢が男と比べて高くて、思ったよりドライだったりと、色々と分かってくる。それまでの「お花畑」のような、ドリーミーな存在としての女の子との差に気付かされてしまう。

――となると、ご自身としては「うまくいかなかった思春期のコンプレックス」を描いているという意識はさほどなかったと。

中村　それは絵とは全く違うところだと思っていたし、それを絵として出すのはむしろ恥ずかしいことだと思っていた。自分の恥部を露出狂みたいに見せるのとは、むしろ、逆の方向を目指していた。自分のコンプレックスを隠し、自分の絵を見てもコンプレックスが刺激されない絵が描きたかった。

でも仕事を始めて、ファンの方たちに会うと、やっぱり過去の自分みたいな人の多くが自分の絵を好きになってくれた。コンプレックスの共感のような。自分は、そんな教室の隅ではなく、ど真ん中の文化をそのまま絵にしたいと思ってきたのに。だから、共感されたことは素直にうれしくもあり、別のグループに届かないことが悔しくもあり。

——以前のインタビューでは、「自分はクラスの端っこでひとりで座ってるような女の子を描きたかった」とおっしゃっていましたね。

中村　もちろん、絵のモチーフの女の子としてはそうなんだけど、テーマとしては、自分の分身でもある女の子の背中をドンと押して、真ん中の集団に入れ込ませたかった感覚があります。「こういう女の子＝自分がクラスの真ん中にいけたらいいな」みたいな。

——そうでしたか。むしろ端っこでよし、と伝えていたのかと。サイン会に高校生のファンが来て、その男の子が「今、彼女いるんです」と言うと、中村さんは「高校時代から彼女がいるような人が、どうして僕のところに来る!?」と憤ったと聞きましたが（笑）。

中村　それは半分冗談、半分本気みたいな感じだけど（笑）、僕のサイン会は、クラスで言うと、科学部や美術部が多いクラスみたいな感じになっている。少数派として、バスケ部やサッカー部で彼女持ちの子が来る。昔、そういう子たちにイジめられてたから、当然、ちょっと冗談ではあれ、やり返したくはなりますよ。大人げなく（笑）。でも、一方で「やっときてくれたんだ、そういう絵が描けたんだ」って喜びもある。

――どうしてクラスの真ん中に認められたいと思うんですか。

中村　うちの両親の教育方針も影響しているかもしれない。「ビックリマンシールが欲しい」と親に言うと、「なんで欲しいの?」って返される。「クラスの子がみんな持ってるから」と答えた瞬間、「じゃあ、買わない」と頑なになった。本当は「自分が好きなものくらい自分で考えて自分で見つけなさい」という教育方針だったのを、子どもだから単純に「多数派＝間違い」と捉え、「少数派＝正しい」との公式を作り上げていった。両親が言いたかったのはそういうことじゃなかったはずだけど、「みんなが好きじゃないものを好きになったらいいんだ」と思ってしまって。

――自分には、全くモテないってのに「クラスの中で一番モテる女の子を好きになるのはダサい」みたいな感覚がありました。「あえて誰も目を付けていない子を好きになる自分はセンスいい」というか。もちろん一切のコミュニケーションはないっていうのに。

中村　そうそう、そんな感じ（笑）。玩具にしても、女の子にしてもそうだった。今考えると、それは自分の投影でもあったんだと思う。休み時間にひとりで本を読んでる女子、みたいな。

高校の頃、体育の授業をサボって、誰もいない教室で、好きな女の子の机があるわけ。僕は帰宅部で、何の委員にも入ってなかったけど、自主的に風紀委員になった。好きなあの子が悪い男にたぶらかされていたら、と考え、僕が救わないといけないと思ったのね。勝手に。で、机の中を覗き込むと、カセットテープがあって、ラベルに、当時はクラスで誰も好きな人がいなかった「小沢健二」と書いてあった。「あっ、一緒の人が好きだ」と思って余計に彼女が好きになった。

――それじゃあクラスの真ん中になれるはずがない。

中村　ですよね（笑）。他にも僕にはいくつかコンプレックスがあって、20歳くらいまで毎日欠かさずオネショをしてたんです。そのことは家族以外、誰にも言えなかった。絶対にバレたくないし、誰とも共有したくないと思っていたけれど、一人暮らしを始めて、オネショした布団を屋上に干しに行ったら、友達にバレたんです。

――そんな漫画みたいな光景が。

中村　そうやって友達と寝食を共にしていくうちに、家族のような結束力が生まれ、やがて自分の好きなタイプの女の子の話もできるようになる。それまでは誰にもできなかった。同時に女の子の絵を描き始め、彼らに見せるようになった。でも、そのことを両親に知られるのはとにかく気まずかった。だからこそ絶対にこれを仕事にするしかないな、と思ったんです。少しもお金になっていない女の子のイラストを、課題でもないのに描いているのが恥ずかしかった。エロ本を隠すように、家族には性に興味があることを知られたくなかったんですね。そんな風にらせん状に、女の子、セーラー服、友達、親、いくつものコンプレックスがブレンドされていたんです。一方、マネージャーの沼田さんは野球部でレギュラーだったような体育会系で、学生時代なら絶対に友達になれなかったイケイケタイプの人(笑)。でも、今ではこういう人とも仲良くなれるようになった。

コンプレックスは克服できない性格みたいなもので、それを変える足掻《あが》きのようなものが作品だとしたら、もし諦めがついたら、最終的に自分は女の子を描かなくなる……んじゃなくて、絵を描かなくなるんじゃないのかなとも思っています。絵って、自分の中で、仕事であると同時に、コミュニケーションの手段でもあるので。

——ちょっと穿《うが》った見方になるかもしれませんが、それはご自分が、そしてその作品が、世の中に認められたと認識しているということでもあるんですか。

中村　確かに、画集を出して、47都道府県サイン会で回って何千人、何万人の人と会っても、そのコンプレックスが緩和されていないことを身をもって気付けたから、そうなのかもしれません。未来の自分は過去の自分を慰められないんだなって。

——雑誌『イラストノート』のインタビューの中でも「やがて僕は女の子を描かなくなるかもしれない」とおっしゃっていました。これまで、セーラー服姿の女の子、自分を投影した女の子を描いてきた。もしかしたら描かなくなるかもしれないというのは、それは、自分のコンプレックスを描くことでは何も解消できない、との認識が定まったと考えていいんですか。

中村　うん、決まったかも。４年前に武田さんと話したときと比べて何が変わったかというと、絵との距離の取り方です。絵を描くのが当時よりも楽しい。重たい気分で描いていない。当時は「これだけ詰め込んだんだから、分かってほしい」みたいなところが、意識的にも無意識的にもすごくあった。でもそれでコミュニケーションをとるのは遠回りだ、とようやく気付いた。絵って、どう足掻いても自分が出ちゃうから、もっと自分じゃないもの、相手に寄ったものが描けるんじゃないかな、って。クソ真面目な悩みの吐露だけでなく、他愛のない笑い話のような、今はもっと単純に「かわいい」「面白い」「色がきれい」で描いている。昔の僕にとっての褒め言葉は「深いね」だったんだけど、今は必要なくなった。「そんなことより早く友達になって、どっか遊びにいこうぜ」みたいな（笑）。自分のドロッとした部分をぶち込むようなことはしなくなった。

――以前は、中村さんの思う女性性やエロが、描くものと連結していた。だからこそセーラー服を描いていたわけですが、距離がとれるようになったならば、そこに描かれる女性とは何者なのでしょうか。

中村　意図的にエロくしてるわけではないけれど、たとえば武田さんが指摘してくれた、腋《わき》の肉に対するこだわりとかは、男である僕からの、異性への敬意というか、「いや、オッパイだけでなく、ちゃんと見てますよ」ってところは、きちんと出したい。「ありがとう」みたいな。結果がどうであれ、目的はエロとはちょっと違うんです。

——ASIAN KUNG-FU GENERATION『ソルファ』のリメイクバージョンにも、従来のジャケットには入っていなかった腋の肉の線が入っています。むしろ、よりエロくなっている、とも見えます。

中村　それは武田さんが繊細で、女の人が思うエロさみたいなものも感じ取る人だからですよ（笑）。スタンダードな僕の作風の形容に「エロ」ってまず入ってないから。

——そうですかね。

中村　特に今の子はなおさら、僕が頭の中で描いていた理想の中高校生とは違うんです。当時付き合いたかった女の子は幻想です。風紀委員としてチェックした小沢健二のカセットテープも、それ以外のテープはもっと普通のヒットソングで、俗っぽい曲が好きだったかもしれない。今、僕のファンの子に「何が好きなの？」と聞けば、普通にジャニーズや「三代目J Soul Brothers」と返ってきたりする。その中高生の女の子たちが「こんなファッション真似してみたい」「こんなお姉さんになりたい」と思ってくれるように描いている感覚もあります。

——となると、今の絵には、中村さんの中高時代の記憶は投入されていないんですね。

中村　それは意識的にはもうほとんどないですね。もちろんかわいく描くけれど、それは自分のタイプや投影ではなくなった。

——バンドのデビュー作って自分たちの鬱屈が詰まっている作品が多いけれど、世の中に受け入れられて2枚目、3枚目と出す中でコマーシャルになっていきますね。そうすると初期のファンから「あのバンド変わっちまったな」と言われる。それと同じ現象が起きる可能性がありませんか。

中村　もうとっくに起きた後だと思います（笑）。おそらく『謎解きはディナーのあとで』や音楽の教科書や、さだまさしさんのCDジャケットの以前に。絵って音楽以上に狭い世界で、ゆえに「私だけの宝物」感が強い。1冊目の画集『Ｂｌｕｅ』でその部分をめいっぱい詰め込んでいるので、「自分自身と向き合いたいときは、そっちを読んで下さい。楽しくなりたいなら2冊目『ＮＯＷ』を」って感じで分けています。

『Blue』2009年 飛鳥新社

『NOW』2014年 飛鳥新社

――「変わった」といえば、大ヒットした映画『君の名は。』を観たんですが、男女が入れ替わって、男の子が自分の体が入れ替わったと知ってすぐ、胸の谷間を覗き込む。大事な場面だと思ったんですが、思いの外、さらっとやりすぎです。えっ、まさか新海誠監督って、サッカー部スタメン側の人間なのかよ、って感じがしてしまったんです。

中村　いやいや、新海誠さんは、こっち側の人間だって。

――川村元気効果でしょうか。

中村　新海さんのそれまでの作品のイカ臭さったらハンパなかったもの（笑）。ティッシュを処理していないうちの兄の部屋を久しぶりに開けたときの香りと同じだった。

――そのイカ臭さを消したから、あんなにヒットしたのかも。

中村　そうそう。僕も新海さんの作品を見ていて、思春期にひとりで過ごして溜めてきたその圧倒的な画力こそがいいんだよと思ってた。でも川村さんが「あなたの思想そのものにはなかなか共感してくれない、ちょっと濃すぎる」から、ってプロデューサーのバランス感覚でろ過してくれたからこそ、『君の名は。』はヒットしたんだと思う。カルピスが原液では飲めないように。でも、体が入れ替わるなんていうことが起きたら、当時の自分だったら学校行かないし、ずっと家にいると思う（笑）。いろいろやることあるし、たぶん精神が崩壊しているんじゃないかな。

――セーラー服に引き寄せた話をすると、ＡＫＢって最初は制服で出てきましたね。ごく初期に、セーラー服を着て歌う「スカート、ひらり」という曲があるように、セーラー服をエロのエッセンスとして打ち出してきた。年を重ねるにつれて、その格好が地方のキャバクラ嬢のような見た目にシフトしてきましたね。

中村　そうですね。

——でも、今新たに出てきた欅坂46は再び制服です。ボタンの一番上まで留め、性の香りを隠蔽することによって、逆説的に性の魅力を醸し出そうとしている感じがあります。

中村　あるある、だってアレ、完全に着物のようなフェティシズムだもん。ジャケット写真を見れば分かるけど。でも、あれはやっぱり、むしろ僕らみたいなおっさんが反応しやすくて、実際の中高生が好きなのはやっぱりAKB的なアプローチなんだと思う。ミニスカートを穿いてくれる子が好き。結局、「当時どんなだったか？」って聞かれて公の場で話せる内容ではなく、何で自慰行為してたかっていうのが真実なんじゃないかなぁと。自分が思い描く純粋な女の子像では股間は触っていなかった。やっぱり触るときは、クラスのミニスカートのギャルみたいな「あいつ、ヤンキーともうやってるらしいぜ」みたいな子を思い浮かべてたから。だから欅坂や乃木坂のセーラー服、あの清楚な姿って、年齢層高めの男性や、或いは女の子のファンが多いんじゃないかなぁと。可愛さやエロさやノスタルジーとしては。

——そのバランスを秋元康は分かっているんでしょうね。

中村　絶対に分かっている。カウンターとして出したというのもあると思う。自分に子どもができて、欅坂が好きだったら、「最近、なにか学校でうまくいってないことがあるのかい？」ってちょっと心配しちゃう。胸の谷間があれば目で追いかけてしまうような、より動物的だった自分には信じられないから。欅坂好きって言うと「いや、性的な目で見てないんで」って説明なく思わせることができる。もしそうなら、嗜好まで他者の目線を意識してしまっているってことだから、ちょっとしんどいんじゃないかなと。もちろんこれは服の話で、人間の話ではないので、純粋なファンの方には関係ないし、性的なことは意識していないと思うけど。

――女性の絵を描くとき、その絵がよく描けたということと性的興奮はリンクしているんですか。

中村　昔はリンクしていましたね。いい絵を描いているときはやっぱり興奮してた。でも、難しいのは、自分はいい絵だと思ってるんだけど、自分の感覚と世間の「この絵が好き」っていうのに距離が出始めているのに気づいた。ラフを3パターン描いて、自分が一番、性的興奮を覚えた絵が選ばれず、最もインポテンツなラフが選ばれたりする。さっきの新海さんの話と一緒なんだけど、「お前の勃ってるやつ、いらないんだよ！」って言われている感じがした（笑）。「欲しいのは、お前のチンチンじゃないんだよ！　お前の手なんだよ！　お前の技術がみんな好きなんだから」って。

――股間が手と直結しなくなったことで、この能力が使えなくなった、みたいな感覚はないんですか。あのギア使えなくなったよ、って。

中村　絵の内容と直接は関係ないんだけど、他人に対して劣等感とか優越感を持たなくなった。だから、あんまり反骨精神がなくなりましたね。その意味では精神は安定しているとも、暇とも取れる。「ちくしょう、あいつめ！」みたいなことがあって、それを原動力に描いているときって、それが耳を塞いでくれるからこそ退屈しない。でも今はそういう力がなくなったから、絵を描いている間、割と心が暇なんですよ。

――本来、自分の中の不足感というか、充足されてないって気持ちがあるからこそ、創作に向かうわけですよね。その自家発電として思春期は永続的に使えます。というか、自分の場合、それをまだかなり使っているなという実感がある。自由に戻れるし、いくらでも再稼働できる。その不足感って、誰しもなくなっていくんでしょうか。

中村　克服というよりは、体力的な問題で、続けるなら、なくさざるを得ないんだと思う。たとえば40代になっているのに、無理して10代、20代の若者にウケそうな感じのイラストを描いている人を見て、自分はそうはなりたくないなと思ってた。すべってる感じがしたから。60歳、70歳、80歳になってまで、自問自答を繰り返しているおじいさんには、近づきたいとは思わないみたいな。中学のときに、卒業して何年も経ってるのに、学校に遊びにくる先輩っていたじゃん。

――あっ、部活に来てましたね。大学生どころか社会人まで来てました。

中村　先輩風を吹かせたいんだけど、もう誰も相手にしてくれなくて、トボトボ帰る後ろ姿……だから卒業したら、学校にいっちゃダメなんです！　って、何の話だっけ？（笑）

――それを社会の枠組みでも考えなくちゃいけない、と。あのときの先輩になっちゃいけないぞ、と。

中村　文章も音楽も絵も何でもそうだと思うんだけど、創作活動を続ける上で、ずっと学ラン着て、セーラー服を見つめて、その在校生のフリをして居続けるのも1個の手ではあると思う。白髪生えてるのに学生帽かぶってバレないように潜り込んだり、先生になって入り直したり。でも自分はもうそれではイヤだ。そこを決めていかないと、どっちにするかグラついちゃっていたら、応援してくれる人もやがて「どうしたらいいんだろう？」って苦笑いで迷ってしまう。

――学校にやってくる先輩の後ろ姿を僕らは「寂しい背中だな」と思って見ていたけれど、彼ら自身は「今日めっちゃ盛り上げた」と思って、また来たりする。気づかないまま続くこともありますね。

中村　でも、最後は嫌われちゃうよね、何も悪いことしてないのに。

――嫌われてもずっと次なるチャンネルがないから、気づかずにそのままいけるわけですね。それって特殊な体力・筋力なんでしょうかね。

中村　鈍感力（笑）。

――それができたら、それはそれですごい、とも思います。

中村　そういうことができちゃう人って、相手にどう思われるかより、自分がどう思うかが優先できるのでしょうね。

――鈍感さ故にできることがあるのでしょう。こうして鈍感で居続ける人に、潰され続けるんじゃないかって気持ちもあるし。でも、こうしてコンプレックスをテーマに本を出したり、「僕は敏感だぞ！」ってことを張りめぐらせることで防衛してる部分もあるのかもしれません。

中村　防壁を作っていても、金魚すくいの網みたいに、紙がモロモロになってきちゃう。手で塞いでも、穴がデカいからもうどうにもすくえない、みたいなところが増えていく。

――自分のイメージでは、その金魚すくいの紙が破けてきたら、必死にセロテープで止めるのが中村さんだと思っていました。

中村　セロテープで止めてたんだよね。何重にも止めてた。でもセロテープって水に濡れたら、剝がれるんだよね。そもそもセロテープで貼ってる時点で向こうからは丸見えだったんだよね（笑）。なのに黙って付き合ってくれるたくさんの人がいる。だから恥ずかしいより、ありがたいのほうが大きくなる。そういうのもだんだん身に染みてきた。そうやってひとつずつ、皮が剝がれていくと、「セーラー服を見つめるだけのクラスの3軍」というコンプレックス以前に、繊細でバーンと飛び出せない自分が最大のコンプレックスだったんですよね。わーっと騒げない、「これ、ほしい人?」って言われたとき、手をあげられないっていう。それはまだまだ残っているとは思っています。そしてそれも緩和されたとき、自分が海外などもっと広い場で活動しているか、はたまた絵をやめているのか。非常に興味があるので、まだまだ進んで、その先を見てみたいです。

なにか大きな自信を体得したということではなく、キャリアを積み重ねていく中でコンプレックスがさほど使えない、あるいはこれに耽溺《たんでき》しながら創作を続けていてはならないとの視座を得たとする中村さんの指摘は、コンプレックスの飼い馴らし方を諭してくれる。それは彼が描く絵の「セーラー服」の取り扱いに表出してきた。1枚の「絵」というものが誰かの支えになりやすいからこそ、慎重にセーラー服を取り扱ってきた。コンプレックスの蓄積と解消と残存を、その緻密なイラストのような解像度で見つめ続けてきたのだった。

その3 スクールガールへのコンプレックス

青山裕企《ゆうき》による写真集『スクールガール・コンプレックス』（イースト・プレス）は、その模倣品も含め、あるいは自身の模倣も含め、ひとつの潮流を作った。制服姿のチラリズム、パンツが見えそうで見えないようにかがんだ下半身、ロッカーの奥に手を伸ばしたら制服が少々乱れて腹部がチラリ……「挑発か、無防備か——」とのオビ文が知らせるように、青春の記憶をチラリズムに集約させた写真集である。その後、猫を女性の太ももに挟んだ写真集『ネコとフトモモ』（新潮社）なども刊行しており、あらゆる商機を、少女を用いて具現化していく態度には賛同しかねるものも少なくない。

同時期には『妄撮』シリーズ（講談社）も乱造された。左頁にオフィスで働くOLの写真、右頁に全く同じ構図の写真、ただし、その一部分が脳内のエロ妄想に応えるように剝がれて水着や下着として透けている写真集だ。エロ周辺の知識がうっすら流通し始めた学生期、「いや、全部見えているよりもちょっと見えてないくらいのほうがエロいね」などと言う誰かが出てきたものだが、その誰かに「そういうもんなのか」と素直な羨望を向け自分ではならないという意識は強かった。「エロについて成熟している＝オトナっぽい」自分でありたいと欲する時期が必ずある。そのエロの成熟は、直球のエロから距離をとることで体得しようとするものだったのだから、押し並べて安っぽい手ではあった。「最近はビールよりも、もっぱらイモ焼酎だね」などと言い始める大学3年生と同様に、本道を離れることを「熟知」と呼んではいけないのだ。

『スクールガール・コンプレックス』も『妄撮』も、ある一定の性的な興奮が宿る仕組みであることは分かる。しかしながら、とりわけ前者については、「コンプレックス」と銘打っておきながら、その所在が生臭く見えないように工夫されているのが気にかかる。撮影者がそれを意識的に商法として隠しているならば、コンプレックスの取り扱い方として共感できるはずがない。スクールガールへのコンプレックスはこういう洗練とは程遠かったからである。グラビア写真に対するアンチテーゼを提示する、との目的意識があったのだろうけれど、同じような格好・表情・ロケーションで量産されるグラビア写真から距離をとる行為として、コンプレックスが商品に生まれ変わっていった。

青山はオリエンタルラジオとの鼎談で、「僕って、女の子を撮る時ですら『かわいい！』とは言わないで、淡々と撮っていくんです。『エロいな』と思っても絶対に言わないですね。むしろ、例えばスカートがガバってめくれていたりするときは、逆に『隠してください』と言います」「でも、この『隠してください』の言い方でフェティシズムを作ることもできるんです。なぜかというと、どの程度まで『隠す』かはこっち側でコントロールできるので」（「『DOUSEI』は変態か——オリエンタルラジオ×青山裕企」cakes）と述べており、当然だがこの見解には頷けない。自分は女性を主体的に操縦できているんですよ、でもそれをあくまでも間接的に見せるんですよ、とのコンセンサスからほとばしるのが芸術との理解ならば、そこにどうしたって傲慢《ごうまん》さを覚える。「自然状態」ってこういう感じで作られるもんなんですよ、との宣言はなかなか不自然である。

そびえ立つ性差の象徴・セーラー服を直視できなかった者たちは、年月を経てようやく直視し、表現に持ち込もうとする。そのとき、セーラー服自体を直接使う。どう隠すかをコントロールしたりなどしない。中村佑介のインタビューが教えてくれたように、セーラー服の存在を未消化のまま体の中に住まわせた人間は、表現においてセーラー服を未消化のまま使ってくる。

あだち充の作品にはセーラー服が不可欠である。中高時代の夏休み、『タッチ』が朝10時半から毎日のように再放送されていた。自分の学生生活の周辺には女子の気配が皆無だったので、毎朝見かける浅倉南の姿が、届かぬ理想形として、それなりの輪郭を持ち始めかねない環境にあった。浅倉は何かと献身的。母が早くに他界し父が切り盛りする喫茶店を手伝う姿、上杉達也・和也兄弟の双方を均等に理解して応援する誠実さは、異性なるものに触れずじまいだった学生生活を送った身からすると、最も遠い、向こう岸にいる理想的存在に思えた。『タッチ』を見て、部活へ行き、部活を終える。イケてる連中は、部活後、夏休み感たっぷりに、女子の誰それとイチャつきながら下校する。優等生・浅倉南が見せるストレートな献身、イケてる部活連中の異性へのストレート感、こちとら投げられるストレートをひとつも持っていない。そんな夏の日の光景をコンプレックスとしてまるごと抱え込むのである。セーラー服に対する引け目は、不発弾のように腹の中にとどまっている。

2017年1月、福岡にある浄水通りに「セーラー服の発祥地」と宣言する案内板が設置された。ここは旧福岡女学校の跡地で、1921年、この学校のエリザベス・リー校長がマリンルックのセーラー服を購入したのが始まりだという。しかし、このわずか1年前に京都平安女学院が「水兵襟の制服を採用していたことが判明した」(2017年1月19日・西日本新聞)という。このふたつの学校は特段争っているわけでもないのだが、こうして案内板を立てるなどしてセーラー服へのこだわりを見せること自体、女性性の象徴として位置付けられてきた証しにも思える。

甲子園の観客席には、声を上げるセーラー服姿の女子高生たちがいる。今にも泣き出しそうな顔で声を張り上げている。インフィールドフライの意味など知らなくても構わない。誰それがホッペやユニフォームを土で汚しながら駆け回っている。そこに向かって、ワーキャーと騒ぐ。とにかく、その構図が欲しい。女子高生の存在がその構図を約束する。「高校野球でさ、試合終了になる最後のショートゴロとかでワザとらしくヘッドスライディングするでしょう? あれってさ、物理的にはそのまんま駆け抜けたほうが速いらしいよ」と告げ口していたのは私だが、それはあの黄色い声が生まれる場所にまぎれる可能性を絶たれていたからこその余計な発言だった。

ビクターは、高校野球の時期になると「ビクター・甲子園ポスター」キャンペーンをはり、出場校名やスローガンとともに、(球児ではなく)球児と同世代の女性タレントをイメージガールとして起用してきた。2008年をもって経費削減のため中止となったが、このポスターに使われる女性タレントはほぼ漏れなく制服姿だった(2006年の藤井美菜だけが私服姿でボールを持っていた)。第25回、鈴木杏が担当した回のビクター側のプレスリリースを見てみよう。

「今回の2種類のポスターは、〝球児のいちばん近くにいる女子高生〟をイメージして作成しました。『夏がくる。見逃せない夏がくる。』というコピーで球児たちを教室から見つめる姿と、もうひとつはグランドへ想いをはせる『忘れない。その一瞬、一瞬を。』という内容。甲子園で熱戦を繰り広げる選手たちと感動を共有する想いを伝えます」

このリリースを読んだとき、具体的にどのような構図を想像するだろう。後者の「忘れない。その一瞬、一瞬を。」ならば、惜しくも試合に敗れ、1列に並び頭を下げる選手たちを見つめながら観客席から涙する姿あたりが無難だろうか。しかし実際には、水飲み場で蛇口を上に向けて水を出し、蛇口に口を持っていこうとする鈴木杏である。この間接的なエロの誘発はまさしくスクールガール・コンプレックスである。

社会学者・高井昌吏『女子マネージャーの誕生とメディア　スポーツ文化におけるジェンダー形成』（ミネルヴァ書房）に興味深い調査結果が載っている（1999年調査）。「高校球児は男らしくてすばらしいか」との設問を、男性の「運動部」「文化部」「その他」＋女性の「運動部」「文化部」「その他」「マネージャー」の7種の経験者に問うたところ、「そう思う」と答えた割合が高かった順に、「女子・マネージャー」→「女子・運動部」→「女子・その他」→「女子・文化部」→「男性・運動部」→「男性・文化部」→「男性・その他」という結果となった。つまり、ビクターの広告の狙いがそうであったように、高校球児の「男らしさ」の高水準を保持させているのは、当人たちでも男性たちでもなくセーラー服を着た女性たちだったのだ。

前出の中村のインタビュー時に、元野球部だった男性マネージャー氏とサイン会ツアーを回るのが実はイヤだったんだけど、でも本人はそんなこと気にしちゃいなかった、というエピソードを聞いた。本人たちは運動部がどうのこうのということを今さら気にしちゃいない、という事実は、この回答の「男性・運動部」の順位の低さにも表れている。逆に、

「高校野球？　そんなもん男らしくなんかないよそんなもん！」とわざわざイキがっているのが、設問に頷いてこなかった「男性・文化部（19・6％）」であり「男性・その他（18・1％）」なのだ。

この人たちは、セーラー服姿の女子高生が白熱のグラウンドをうるうる見つめる姿を野球場の外から見てきた人たちである。クーラーの効いた部屋でガリガリ君を食べながら見てきた人たちである。清く正しいセーラー服は清く正しい野球部員のために用意されてきたし、逆に、正しくないセーラー服はヤンキーのために用意されてきた。そのどちらの供給にもありつけなかった人たちは、セーラー服の存在を引きずる。いつまでも腹の中で消化できずにいる。消化してお尻からひねり出せずにいる。腹心でセーラー服が眠り続けているのだ。「男性・文化部（19・6％）」と「男性・その他（18・1％）」、つまり帰宅部」という、清く正しいセーラー服から遠かった人たちが、後々になってセーラー服を呼び覚ます。「運動」より「文化」や「帰宅」を嗜好した人たちにとってセーラー服って性癖ではなく、壁なのだ。心ならずも腹中で冷凍されたまんまになっているセーラー服を、表現するにあたって、解凍していく。巷にセーラー服を扱った表現が点在し続けるのはそのせいなのだ。

第７回

遅刻

その1 遅刻はアーティストへの近道

その人は、インタビューを開始するなり「遅刻は軽犯罪なんですよ」と満面の笑みで語り始めた。大胆すぎる見解にソラミミではないかと耳を疑ったのだが、なにかと契約社会となった現在、「遅刻＝犯罪」という懸念は決して大げさなものではない。約束事の不履行は犯罪になりうる。遅刻といえばこの人、という〝遅刻レジェンド〟へのインタビューで全てに答えてくれるのだが、「いや、遅れるつもりはないんだけど、どうしても間に合わないんですよ」という遅刻コンプレックスを追いかけていくことにする。

学校でも会社でも、ひとつの組織に加わって真っ先に教え込まれるのは「集団行動の大切さ」である。逆に言うと、それだけ守っていればなんとかなったりする。誤解を恐れずに誤解を含んだ言い方をすれば、労働組合が磐石に機能している終身雇用の企業で働く正社員って、悪質な遅刻さえしなければ勤め続けることができる。仕事ができなくてもひとまず大丈夫。しかしながら、あいつの遅刻が悪質すぎる、と経営側から言われたとき、組合も「えぇ、まぁ、確かに」と返す言葉を失い、守れなくなる。たとえ常習性がなくとも、遅刻に対しては「目上の人に対する態度としてあってはならないことだ！」といった闇雲な精神論から発動する叱責が上乗せされ、数分でそっちの精神論のほうが遅刻の事実よりも主役となり、長々と説教が続く。「部長に謝っておけ！」と課長に怒鳴られ、部長のジメジメした説教を受けていたら、あらもうこんな時間、遅れた時間の数倍も続いた説教のほうが無駄ではないか、と小声でつぶやく貴方は会社員に向いていない。

朝9時半からの朝礼に3分遅れたことを半日ジメジメ言われるのに対し、たとえば宮崎駿は締め切りに2年遅れようとも、周りはそれをひとまず受け入れる。『風の谷のナウシカ』の製作中、宮崎駿の遅々とした進行にしびれを切らしたスタジオジブリの鈴木敏夫は主要関係者を呼び寄せて、進行管理を担当していた高畑勲に厳しく言ってもらおうと企んだ。高畑はひと言、こう宣言した。

「間に合わないものはしようがない」

そう、間に合わないものはしようがないのだ。表現する仕事と遅刻は、親和性が高い。秒刻みで仕事を管理される Amazon の倉庫に潜入したイギリスBBCのレポーターは33秒間に商品ひとつの処理を課されたが、この手の役務と「間に合わないものはしようがない」は対極にある。モノ作りの世界では、ようやく焼き上がってきた陶器を「ダメだ、気に食わん」とハンマーで割る行為が方々で「さすが」と愛でられてきた。効率性を求めてはならぬ、との態度が健やかに受け容れられる限られた世界において、「遅刻」は一体どこまで何食わぬ顔で認められるべきなのだろうか。

遅刻の常習犯で知られるロシアのプーチン大統領は、ローマ法王との会談に50分遅れ、ワールドワイドな非難を浴びた。2016年の日露首脳会談では、2時間40分も遅れて日本に到着、時間を持て余した安倍首相は、往復30分かかる父・晋太郎の墓参りに出かけた。遅刻してくるとは何事だ、とキレるわけでもなく、あっ、ちょうど行きたかったところなんですよ、という態度で応対したのが情けなかったが、こういった手緩い宰相でもない限り、国の首脳であろうが遅刻は厳しく突っ込まれることになる。

ところが、映画の現場では「主演の木村さんの気持ちが整うまで」(名前は仮)といった曖昧な理由で撮影が遅れたりする。「こだわり」などという漠然とした、しかしながら、創作の現場では最も力を放つマジックワードが、数々の遅刻を許容してきた。「それでは問題です。プーチンですら許されないのに、宮崎駿ならば無限に許されるものはなぁに？」というなぞなぞの唯一の答えが「遅刻」なのだ。そのなぞなぞをひっくり返してみてもいい。つまり、未来ある貴君が遅刻癖だけをお持ちならば、大統領になる道はほぼ閉ざされているけれど、映画監督への道は大いに開かれている。大チャンスだ。

基本に立ち返ろう。人を5分待たせるとはどういうことか。「5分前に集合している人に10分のロスをさせる」ということだ。この10分は積み重なる。遅れる貴君は誰かに無益な時間を投与し続けてきた。しかも、この10分は「うっかり」な10分ではなく、「仕組まれた」10分である。この10分は、遅れてきた側の目的達成（たとえば画家なら、満足のいく絵を描きあげるため）に使われてきた可能性が高い。遅刻する人は家で「あっ、いけない！　間に合わない！」と慌て始めるそうだが、慌て始めるまでの時間、（それが睡眠であっても洗濯であっても）何かに集中していたのだ。待っているこちらは何をするにしても集中できていない。であるからにして「遅刻キャラ」という生き方は極めて効率的なのだ。遅刻魔に「優柔不断」「だらしない」などと非効率性にツッコミを入れても直らないのは、当人がこれこそ効率的じゃんと知っているからである。その上、遅刻を人から許される存在になることで、凡人から宮崎駿に近づこうとしていく。傲慢である。

　時間に縛られた生活は、人の想像力を鈍らせる。物理学者で随筆家の中谷《なかや》宇《う》吉郎《きちろう》は「日本のこころ」という随筆でこのように書いて「能率」を嫌う。

「能率生活は、人間を非常に疲労させる。筋肉的というよりも、毎日七時間四十分、一分の遅刻もなく、機械のように働くことは、精神的に非常な緊張を必要とし、それは人間の芯をつかれさせる仕事である」

　能率生活で疲弊するのは、筋肉ではなく精神。人間の芯が疲弊してしまう。中谷はこうも続けている。

「近代文明は、次第に人間性を圧し潰しつつあるという見方もできる。草の上に寝たり、煙にむせながら、炊事をすることが、何よりの慰安であるというのが、この間の消息を物語っている」

ならば、能率生活から率先して外れていく「遅刻」という行為は、精神を取り戻す慰安のひとつにカウントされるに違いない。自分ならではのクリエイティブな感性＝人間の芯を保つために「慰安」は必須だ。

こんな言及も残っている。1924年、海軍の技術者として諸外国を渡り歩いて帰国した伍堂卓雄は、「日本の労働者の能率は蒲鉾型⌒である。始め終りが全くだらだらである」、一方で「欧米の労働者のやり方は羊羹の切口形⊓である。働く時は傍目を振らず働き、休む時は充分休養するのである」とした。日本人＝勤勉というのは後付けであり、むしろ戦前まで日本人はだらだらしていたのだ。これは橋本毅彦・栗山茂久編『遅刻の誕生　近代日本における時間意識の形成』（三元社）に掲載されているエピソードなのだが、この本に基づいて松岡正剛はこう宣告する。

「もしもこの社会のなかで『ふしだら』を確立したいというのなら、われわれはこの近現代社会に微にいり細にわたって構築された仕組を、そのことごとくの部分時刻の解体によって揺さぶる挙に挑まなければならないということなのである」（「松岡正剛の千夜千冊」ウェブサイト）

世に「ふしだら」を残すために必要なのは、部長に怒られて結局従順になっていく会社員ではなく、何度言われても時刻を守ろうとしない存在だ。芸術はいつだって凝り固まる社会をときほぐしてきた。柔らかくしてきた。ふしだらであり続けてきた。ならば、芸術が時間を守ってどうするのだ。

谷崎潤一郎の「『文章読本』発売遅延に就いて」との断り書きには「校正中、内容に不満を覚ゆるところ少なからず、而《しか》も全国からの注文が未曾有と云ふ報告を聞きましては、益々責任の重大さを感じまして、できるだけ完璧なものに致したく、茲《ここ》に全文に渉つての改訂を思ひ立つたのであります。しかしながら、他の要務をも控へてをりますために案外に手間どりまして、つい皆様に御迷惑をかける結果になつたのであります」とある（左右社編集部編『〆切本』参照）。長々と書いているものの要するに「まだやってねぇ」ということでしかないのだが、「ならばしようがない」と返したくなるのは、彼が必要と言ったら必要だと、双方で思っているからである。

日本古来の芸能というのは常に、蒲鉾的芸能であった。歌舞伎、能楽、文楽、いずれも尺が長い。イントロダクションが長い。落語には前口上としての「枕」がある。高層ビルがドッカーンと大爆発した事案を追って、それ相応の爆発で犯人を制圧するハリウッドのアクション映画は羊羹のように話が明確だが、日本の芸術に染み渡る尺の長さや侘び寂びと称される空気感は、「いつ始まったか分からない、そしていつ終わるかも分からない」

ものとして愛でられてきた。勤勉な日本人はいつまでも羊羹型労働を受け入れているが、芸能の歴史を見つめれば、蒲鉾的な時間軸で芸術をたしなんできたはずだった。「はい、みなさん、ここから始まります！」と大声で宣言することは、元来の芸能にはそぐわない。

遅刻を肯定する。日頃、遅刻をしない自分にとっては断腸の思いだ。いかなる表現活動であろうとも、隅々までマーケティングや様々な実績値で区画整理されてしまう昨今、そこからのらりくらりと抜け出す作法のひとつに「遅刻」という手法を持ち出すのはどうか。いつなんどきも、遅刻は相手を翻弄する。ローマ法王すら翻弄する。「時間通り来ない」に可能性を見出すことはできるのだろうか。これからの芸術を活性化させることができるだろうか。今現在、即座にやれ、との指示に応えるならば、私たちはもはやコンピューターに勝つことはできない。めっちゃ遅いのに重宝されるコンピューターはない。でも、めっちゃ遅いのに重宝される人はいる。遅刻は管理から逃れる「貴重な想定外」なのかもしれない。さて、満を持して〝遅刻レジェンド〟に遅刻論を語ってもらうことにする。

その2　デザイナー／ソラミミスト・安齋肇インタビュー

「締め切りよりも、仲間を大切にしよう」

トップ女優の名前を検索しようとすると、大抵、検索予測ワードとして「整形」が出てくる。それほど、彼女たちの美は妬まれているのだろう。「安齋肇」と検索すると、「遅刻」という検索ワードが真っ先に出てくる。つまり、遅刻することを、多くの人から予測されているのだ。「女優名　整形」の検索はあくまでも予測だが、「安齋肇　遅刻」の検索は予測ではなく結果報告である。『タモリ倶楽部』の長寿企画「空耳アワー」でタモリを待たせ、少々不満気なタモリに対してヘラヘラと低姿勢で押し切る様子は、「許される遅刻」の在り方を示し続けている。泣く子も帰る遅刻界のレジェンドが、15分遅れでやって来た。そのことを咎《とが》めるものはもちろん誰もいない。

COMPLEX

安齋《あんざい》 肇《はじめ》 profile

1953年東京都生まれ。桑沢デザイン研究所修了。麹谷・入江デザイン室（76〜79）、SMSレコードデザイン室（79〜82）を経てフリーに。音楽に関する様々なビジュアルから、キャラクターデザイン、雑誌連載、展覧会開催、CMナレーション、絵本制作……と幅広く活躍。テレビ朝日系『タモリ倶楽部』、NHK-BSプレミアム『笑う洋楽展』などの出演も話題に。NHK-Eテレ『わしも』では原画と声、『プチプチ・アニメ　えとえとせとら』では原案とキャラクターデザインを担当。2016年公開の映画『変態だ』を監督し、プチョン国際ファンタスティック映画祭にて審査員特別賞を受賞。1996年に第３回みうらじゅん賞、2014年に第22回桑沢スピリット賞を受賞。

http://www.office-123.com/harold

――どんな組織でも、加わってまず言われるのって「時間を守りなさい」ですね。オマエひとりだけ来ないと色々乱れるぞ、なんて言われるわけです。

安齋　遅刻って、言ってみれば軽犯罪だからね。きっと人類が誕生して規律ができたときに、真っ先に気にしたのが時間でしょう。

――時計の誕生とは関わりが深いはずです。時計ができたからこそ「3時にどこそこ」と言えるのであって、それまでは「朝焼けからしばらくしたら集まろう」とかだったわけですから。

安齋「丑三つ時」なんて曖昧でしょ。宮本武蔵が巌流島に遅れてやって来て佐々木小次郎を待たせたでしょう、あれ、遅刻を利用した歴史の代表例になるでしょうけど、逆に言えば、あの時代の人たちですら、「時間は守る」ってことが基本だったわけですからね。

――ネットの検索に「安齋肇」と入れると予測ワードで真っ先に「遅刻」と出てきます。このことをどう受け止められますか。

安齋　不名誉なことですよ（笑）。親だって、それはそれは心配してます。遅刻って、無精髭とか淫らな生活とか鼻毛が出てるとかそういうのとは次元が違うんですよ。一歩間違えれば犯罪。昔、役所の仕事をやって、どうしてもデザインが間に合わなくって、裁判沙汰になりそうなことがあったんですよ。結局、裁判にはなんなかったんですけど、そのパンフレットには「安齋、時間を守れ」って殴り書きがしてあったらしい。

今、国の秘密がどうのとか、色々動きにくい世の中になってきてますから、遅刻もきっと犯罪の対象になって、僕とか逆に遅刻防止を啓蒙するためのポスターになるかもしれない、顔にバツ印がついて。

——そもそも安齋さんが遅刻し始めたのって、いつなんですか。

安齋　親がとても過保護だったんですよ。たとえば学校に行くにしても、玄関出てから僕がくしゃみしたら「これはだめだ」って厚着に着替えさせる。真夏なのに長い靴下履いたり、セーター着たりして。で、中学になって、おふくろが「朝茶は1日の難を逃れる」って言い始めて、とにかく「朝1杯、お茶だけは飲んでいきなさい」と。明らかに遅刻するって時間なのに、「遅刻してもいいからお茶を飲んでいきなさい」って。

——重視しすぎじゃないですか、朝のお茶。

安齋　逃れるはずの1日の難が、もうそこにあるわけ。

——「お母さん、お茶なんか飲んでるから先生に怒られたよ!」とは言わなかったんですか。

安齋　もちろん言いましたよ。そしたら「先生の言ってることは守らなくてはいけないけれども、もし万が一、慌てて出て行ってね、車にぶつかったりしたらどうするの」って。

——だとするとですね、「早く起きりゃいいじゃん」って思うんですけど（笑）。

安齋　そう、もっと早く起こしてくれればよかったのに。いやでも、起こしてくれてもいたんだろうけど。

――その頃から既に、自分の身体の中で「遅れる」っていう感覚が麻痺してたんですか。

安齋　いや、「時間を守る」というよりも、「きちんと準備をして出かける」が重視されたんですよ。ローリング・ストーンズのキース・リチャーズが裁判に遅刻して怒られた話があるんです。そのときの理由は、「ロールスロイスから降りるときに水たまりに足をつけてしまい、着ていたピンク色のスーツが汚れたから着替えに帰った」、これが理由です。いい話です。

――つまり安齋さんは、キース的な教育を受けてきた。

安齋　そうそう。泥水のかかったスーツを着てるってことは恥ずかしいこと、人前に出るんだったらきちんとしていくべき、という。だから、今日は季節外れのテンガロンになってしまったから、気分的によくないんですよ。こうなると精神的に落ち着かない気持ちになりますよね。

――ところで、遅刻することの利点ってあるんでしょうか。毎日、すいません！　っていうところから入るわけですよね。

安齋　そうそう、自分が常に負けた状態から入るわけですよ。挨拶が「よぉ！」じゃないですからね。親しい人でも、初めての人に対しても、「あっ、あっ、ごめんごめん！」ですから。いつも会うときは下から入ってますから。なので、驕った人間にならなかった、これは唯一の利点。

——遅れて来たのに「おーおー、待った？」なんて人もいますけどね。

安齋　偉そうな態度で「おう、進んだ？」とかね（笑）。あるいは、いきなり自分の弁護を始めちゃう人。「いやいやもう大変でさ、今日はさ〜、朝からさ〜」と。

——でも多分、そういう「進んだ？」系の遅刻がいるから、安齋さんの「す、すみません」が、比較された上で赦《ゆる》されてるってところがあるんじゃないですか？

安齋　まあ、遅刻にも大柄《おおへい》・中柄《ちゅうへい》・小柄《しょうへい》ってありますからね。僕は小柄ですから。

——小柄だろうが、遅れてくること自体を怒る方って、そりゃあいっぱいいらっしゃったのでは。

安齋　『タモリ倶楽部』でタモリさんが遅刻の度に「今日も遅刻して来たよ」って報告するので「安齋＝遅刻」になってしまって、遅刻しないで行くと「なんだ遅刻しないんだー」ってガッカリされるんですね。そのことをタモリさんに伝えたら、「何あなたそれ、僕のせい？」「あなたがそれで苦労してるみたいな言い方だけど、あなたが遅れなかったらよかったんじゃないの？」って。

——全く正しい意見ですね。

安齋　そうなんです。タモリさんは僕にずーっと正しいことを言ってくれるんです。

——安齋さんの遅刻を考えるときにある種リスペクトされるのは、「タモリさん相手でも遅れる」っていうことだと思います。お、この人、分け隔てなく遅れてるっていう。
安齋　いやー、別に、犯罪をまんべんなくしたからといって、犯罪は犯罪じゃん（笑）。
――いやでも、アシスタント待たせるときにはすごく遅れて、えらい人が来たときにはちゃんと待ってるって、感じ悪いですよね。
安齋　いや、僕はその人は正しいと思うよ。分け隔てなくっていうのは言葉がいいだけ。駄目でしょ、「遅刻の上に遅刻を造らず」じゃないっしょ。
――リリー・フランキーさんとみうらじゅんさんの対談の中にあったエピソードなんですが、遅刻を繰り返す安齋さんに、タモリさんが「あなたは時計持ってないんですか」って聞いてきたと。それを後々、安齋さんが友人に「今度タモリさんがオレに時計買ってくれるんだよ」って言いふらしてたというエピソードがあるんですが、本当ですか。
安齋　本当です。もちろん、色々カットはされてますけどね。「あんた時計持ってないから遅れるんじゃないか。時計はちゃんとつけなさい。そういえばあんたマネージャーもついてこないね。うちのマネージャーつけるよ」なんて言われまして、いや、これやばい……と思って、「いや、大丈夫です」って断ったんですが、また半年くらいしてえらく遅れてしまい、そこで僕、「時計がないもんで……」って言っちゃったんですね。タモリさんが「なんで時計してないんだよ！」って言うから、「いや、だって前にタモリさんくれるって言ったじゃないですか！」って言ったんです。

——ひどい！

安齋　確かにひどい！

——お聞きしたいんですが、たとえば5時までに行かなきゃいけないのに、4時半すぎても家にいる、これはもう遅れると決まりました、こうなったとき、最善を尽くすんですか。それとも諦めてゆっくり行くんですか。

安齋　最善を尽くしますよ！　最近は、正確な遅刻情報を相手に届けますからね。

——正確な遅刻情報？

安齋　つまり、「すみません、38分遅れます」とか。

——どうやって導くんですか、38分遅れ。

安齋　ばーっと計算するんですよ。着替えるのにこれぐらい、タクシー捕まえて、いや、この時間だとタクシー捕まらないから電車だ、ここからいけば大体……と計算していく。田口トモロヲさんとかとやってるパンクバンドのリハのときに、「46分遅れます」ってメールして、本当に46分後に来たって感動してもらえたんですよ。ただそこで、ある疑惑がわいて。わざと46分後に来ようとしてるんじゃないかと。

——実は30分後に着いて、どこかでコーヒー飲んでんじゃねえかって。

安齋　それでメンバー皆でちょっとその辺探してみたらしいんですよ（笑）。でもそれぐらい、きちんとできるんですよ僕。こないだ何故遅刻するかというのを心理学の先生に相談したんですよ。僕は身支度をして、その過程で思い立ったりすることが多いんです。たとえばシャワー浴びた後で身支度しようと思うんだけど、テレビでニュースやっていて、そのニュースが終わるまでなんとなく気になって見てしまう。で、次のニュースが始まったときにそのタイトルを見たら、うわっこれもちょっと気になんな〜と思う。んで最後まで見てしまう。そういう積み重ねが、あ、そうだ、あの人にこれ持ってったら喜ぶんじゃないかとか、移動中にこの飴舐めようかなぁとか、派生していくんですよ。そのことを相談したら「安齋さん、それはね、完璧主義者なんですよ」と言われた。

——遅刻常習犯と完璧主義者、なかなかイコールになりづらいですが……。20代の頃は普通にデザイン会社で働いてらっしゃったと思うんですけど、その頃から遅刻常習犯だったんですか。

安齋　その頃の遅刻っていうのは「小柄」ではなく「大柄」な遅刻でしたね。師匠がいないとできない仕事だったんですけど、その師匠は毎日二日酔いで12時ぐらいにしか来ないんですよ。僕は10時から行かなきゃいけなかったんですけど、2時間待ってるのは無駄じゃないですか。あと、女性アシスタントの人とふたりっきりなのも気まずかったし。30分ぐらいだったら何とか一緒にいられるなーって感じがしたのと、30分ぐらいあればその日の準備ができるなーって思ったんで、10時出社を勝手に11時半出社にしてたんですよ。そのときは、自分が遅れるのは会社のためにも僕のためにもなっていると思っていた。

これにはある教えがありまして、桑沢デザイン研究所っていうところに一浪して入ったんですが、宮沢タエっていう宮沢賢治の姪にあたる先生が担任だったんですよ。その先生が言ったんです、「学校というのはあなたたちに、ただ教えるものではない、学ぶものだ。自分で学びなさい。ここで学びたくないんだったら、来なくていい。その代わり、あなたが学校に来ない時間、何を学んだかを報告してください。そしたら全部出席にしてあげるから」と。これには、めちゃめちゃ感動した。なんだ、行かなくっていいんだって（笑）。

――…………。

安齋　……遅刻してる人ってこうやってなんでも都合よく解釈しますからね。遅刻している人を待ってるほうはイライラしてますよね。

――してますね！

安齋　でもね、遅れてるほうもイライラしてるんですよ。実はそれを皆さんご存じない。ふふふ（笑）。

――存じ上げません（笑）。何に対してイライラしているんですか。

安齋　まず時計見た瞬間にうわぁって思いますよね。一瞬こう、ドバーッと発汗しますよね。まあ放尿はしないにしても、ちょっとくらい出ちゃいますよね。想像するんですよ、めっちゃこれやっべえぞ、怒られるに決まってらぁと。築き上げてきたものが、遅刻することによって……僕は何度遅刻しても、毎回その光景を想像してイライラしてるんですよ。

で、ひょっとしたらですけども、遅刻常習者というのは、遅刻するドキドキとイライラを楽しんでいる可能性がありますね。やばい！っていう感じを楽しんでいる。この先どうなるんだろう、って。

——もしも毎回そうやってドキドキしてるんだとしたら、ストイックな日々ですよね。「○時に行って○時に帰る」みたいな人と違って、毎日、「どうしよう、僕どうしよう」って「本当に」思ってるんだとしたら……。

安齋　本当に思ってるんですって。今日こそやばいと、あいつ今日はどう出てくるだろうとか。

——さすがに今日こそ田中さん怒るんじゃねえか、とか、そういうことですか。

安齋　そうそう、今回ばかりはあの「仏の田中」もやばいんじゃないかって。つい先日もNHKの生放送、なぎら健壱さんの番組に遅れたんです。2時からだったんですが、スタジオに着いたのが2時5分。なぎらさんは5分間、ラジオで怒りをぶつけてたらしいんですよ。スタジオに入るなり、「おい、ちょっとジュース買ってこい！」って言ってきた（笑）。

——その日の立場が決まっちゃった。

安齋　番組中に名古屋まで行ってういろう買ってこいとか、放送中逆さに吊っときゃよかったとか。名古屋のういろうはさすがにちょっと無理だったんですけど、今度なぎらさんと『タモリ倶楽部』ですれ違うときがあったら、ういろう持っていって渡そうと思ってるんです。

——安齋さんの中にある「なぎらさん、申し訳ない」っていうその気持ち、それはちゃんと1年後2年後でも持続するんですか。

安齋　もちろんもちろん。もうすごいよ。いつだって蘇りますもん。

——遅刻バンクに相当遅刻が貯まってる。

安齋　遅刻バンク、そうそう、マイルみたいに遅刻が貯まってますから。

——たとえば3年前に遅れて迷惑かけた人でも、「3年前のあんときごめん」ってなるんですか。

安齋　あーもうそれはそれは。

——相当貯め込んでるからこそ聞きたいんですが、80年代、90年代、そして2000年代と、徐々に遅刻しにくくなってきてませんか。つまり、昔は携帯なんてなかったし、それこそ今だったら遅刻して街歩いてたら、「おい、ラジオ出てるはずの安齋が、ファミマにいるぞ」なんてツイートされたりするわけですよね。

安齋　そう、こないだのラジオも生放送だったんで、メールがどんどん入ってきたらしいんですよ。「渋谷の宝くじの売り場に並んでました」「新橋の飲み屋にいました！」とか。ウソなんですけどね。絶対遅れてはいけない公共放送、皆さんのお金で成り立ってる放送に遅刻、これはもう税金の無駄遣いですよ。それを遊びのひとつとして扱ってくれるなんて、すんごいユーモアのある、あったかい社会じゃないですか。でも、なによりあったかいのは『タモリ倶楽部』。なんたって僕、初っぱなから遅刻してますからね。

――やめようかと思っていたけど、最初に遅れちゃったからやめられなかったって話は本当だったんですか。

安齋　本当です。出演交渉に来たディレクターを1時間待たせてしまいまして。「待たされた上に断るなんてことありませんよね」って言われちゃって。

――でも、その日に遅れなかったら、今に至るまで続く長寿番組に名を連ねることはなかったってことですね。

安齋　そうですね。『タモリ倶楽部』に遅れていって、代わりの人がやってくれたこともあるんですけど、僕ができなかったっていう反省よりも、僕がいなくても番組が成立したってことが嬉しくって。

――出た人も「安齋さんのお陰で楽しかったですよ」って。

安齋　そう。「もう、ボクでいいよ。これからも、安齋さん遅刻してよ」って、マーティー（・フリードマン）に言われましたから。

――僕でできるじゃん、僕がやるよって。

安齋　それなのに、あの番組は、午前中に行かなきゃいけなかったのに仕事で行けないかもって連絡すると、じゃあ午後にまわします、なんて調整してくれたりするんですよ。色んな方面から、「あんなに遅れる人を使うんだったら、ちゃんとした人にしたほうがいいんじゃないですか？」「うちのタレントでこんないいのがいますよー」ってアピールがあったらしいですから。

――うちのタレント、ちゃんと時間通り来ますよーって。

安齋　でも、そういう申し出を全て受けずに、「あの人でいいじゃねぇか、あんな社会性のない人が出てること自体が面白いだろ？」と言ってくださったのがタモリさんなんですよ。でも、タモリさんに聞いても、「言ってないよそんなこと」って認めないんですけどね。それは、タモリさんがそう言ったことを認めたら、「お前はもっと甘えるだろう」っていうことを分かってるからだと思うんです。

――よーし、タモリさんがああやって言ってるんだから僕はもうこれでいくら遅刻しても大丈夫だって。

安齋　でも昔は今みたいに、稽古に来るとか来ないとか、契約書を盾にとって訴えるような世の中じゃなかったわけですよ。ならばそれをキャンセルして、他の芝居ぶち込みましょうとか、バンド呼んでフォークライブでもやりゃあいいんじゃないとか、そんな気持ちでやってたのに、今は少しでもなんかミスがあれば、それを金儲けにしようとしてるやつとか、入り込んで名を売ろうとか、もうギラギラしてるでしょ。

——だからこそ、安齋さんがイラストレーター始めた頃の遅刻と、たとえば今駆け出しのイラストレーターさんが「すみません1日遅れました」という遅刻では、全く扱いが違うんでしょうね。

安齋　絵の先生として学校が呼んでくれるんですけど、学生さんに言われましたよ。「締め切り間に合いませんでしたー、だなんてその時点でギャラなくなりますよ」って。むしろ、締め切りよりも前に出すぐらいだって。

——そういう卵の人たちを前にして安齋さんは何を訴えるんですか。

安齋　「守ることはいいことですね、偉いね」ってまずは言う。で、「遅れたにもかかわらず許してくれた人には一生ついて行きなさい」って。あるいは、「遅れたからにはいい仕事を」と。

——けっこう前にガンズ・アンド・ローゼズがZepp Tokyoでライブをやった際、開演が1時間ぐらい遅れて、終わったのがとにかく遅くなって終電逃すお客さんが続出したという事件があったんですけど、その場合も、ライブが素晴らしい限りにおいては許容されちゃうんですよ。これと同じことですか。

安齋　そうそう。でも、よーく考えたら大損害なんだけどね。

——逆に最近、オジー・オズボーンは、すぐに眠くなっちゃうからなのか、開演時間よりも早く出て来ちゃった、ってのがあったそうですが（笑）。

安齋　それはいかん。だって15分前に新幹線発車したり飛行機飛んじゃったりするようなもんですから。そもそも70年代なんて、コンサートがオンタイムで始まるなんてことなかったもの。

――参加されているバンド、OBANDOSの皆様はちゃんとオンタイムに来ますか。

安齋　僕より酷い人がいるの。

――あらま。

安齋　来ない人がいるの。

――それはまた遅刻と別ジャンルですね。

安齋　うん。京都にホテルとってたのに来なかったりとか。こないだ、奈良にも来なかったし。思うんですよ、もう「時間に縛られない」ってことを前提に集まればいいんじゃないかって。お金があるなしとかじゃなく、ものを作ろうっていうことを目的にしているのならば、それをいつやろうとか出そうとか決めずにやるって、最初に宣言しちゃえばいい。

――でも、「3月まででお願いします」とか「木曜までに」とか言われて、それに従わないと、この世界ではどうやらやっていけないっていう風紀はでき上がっちゃってるわけですよね。安齋さんの、そのポジティブ遅刻というか遅刻魂というか、何言われても遅刻するぞって考え方は、どうやったら保てるんでしょう。

安齋　それは絵の学校でもよく言ってるけど、仲間を作るってことですよ。もう、それに尽きます。お互いに認め合える仲間を作るってことでしょう。それはすごいよやっぱり。だってリリーさんなんて、あのみうらくんを待たせて、みうらくん、もう待ちすぎてベロベロになってるらしいから（笑）。でもそのリリーさんはちゃんと芝居で長ゼリフやってんじゃん。稽古にも遅れて行ってるだろうし色々大変だろうけど、それをやっぱり許容できる人たちがそこにいるっていうことですよね。やっぱりそういう仲間だよね。仲間を作るのが大事。

――確かに締め切り守るよりも仲間を作るっていうほうが長く自分のやりたいことができる道を作ってくれるのかもしれないですね。

安齋　もう、絶対そう。それさえできれば、もう怖いもんなんてないですから。

――なるほど、分かりました。

安齋　まとまった？

――テキストとしてまとまると、理不尽な人に思われるかもしれませんけど（笑）。

安齋　理不尽、理不尽。だって僕が言ってるのは、要するに、犯罪者の言い訳じゃん。

――軽犯罪者の供述ですからね。

安齋　その内、取り締まられると思うよ、僕（笑）。

「さすがに今回こそは時間通り来るんじゃないか」と期待したら、やっぱり遅れてくる。

そんな安齋さんに、編集者やテレビディレクターは仕事をお願いし続けてきた。遅刻は、人様に多大な迷惑をかけるが、最終的には人をものすごく笑顔にする、のかもしれない。今もなお活動の幅を広げる安齋さんは、幅を広げすぎるあまり、今日も時間通りにはやってこない。こちらは、到着するのを待つしかないのだ。到着したら、どうせ、とっても面白いことが起こるのだ。

その3 絶対に負けられない戦いが、遅刻にはある

『釣りバカ日誌』のハマちゃんこと浜崎伝助は、あたかも日課のように会社に遅れてやってくる。始業の合図として社歌を歌い上げるザ・昭和企業の鈴木建設。ハマちゃんは社歌の途中でフロアに入ってきて、下のパートを歌い、自主的にハモる。歌い終わると同時に課長に怒鳴られるのがお約束の光景。もしくは出社してすぐにトイレの個室に駆け込み、何十分も閉じこもり、趣味の釣り新聞を通読する。会社への忠誠心の度合がそのまんま出世に繋がるような会社で自由気ままに振る舞うハマちゃんは、会社が設定する時間及び規律から軒並み逃れることでいくつもの笑いを誘い出してきた。

『釣りバカ日誌』の先輩格に位置づけられる『男はつらいよ』の寅さんは、どんな女性が好みかを問われてこう答えている。

「寝坊の女はいけねぇなぁ。朝こっちがパチッと目が覚めて起きてもよ、隣でもってパカッと大口あけてイビキかいて寝てられたんじゃ、こりゃたまらねぇからねぇ」(『男はつらいよ フーテンの寅』)

『釣りバカ』のハマちゃんには、ハマちゃんに尽くす奥さん・みち子さんがいる。いつまでも大イビキをかくハマちゃんを、「んもぅ」と叩き起こすシーンもお約束だ。働く男向けに提供されてきた大衆エンターテインメントは、社会は定められた時間に従順であるとひとまず認め、そこを崩すか崩さないかで、笑ったり、怒ったり、教訓を投じてきた。

『釣りバカ』は会社に遅れることから笑いが起きるのだ。

定まった時間から根本的に脱するには、植木等のように無責任を歌い上げるか、山下清のように放浪するか、つげ義春が描く世界のように隠居するしかない。いずれにせよ規律からの逃避、支配からの卒業である。しかし、堂々と遅刻したり、トイレに閉じこもったりするのは、時間の管理から逃れるための一時的な手段でしかない。

データ入力や帳簿の整理と違い、根を詰めて作り続けてきた楽曲が明後日までに仕上がるかどうかなんて断言できないし、今日はまったく書けなかったと嘆く小説家がいたとしても、それは許されることになっている。「いや、今日はちょっと気分が乗らなくて1枚も書けなかった」のように、「いや、今日はちょっと気分が乗らなくてデータが入力できなかった」になると、その人は数ヶ月で職を失うことになる。いきものがかりは数年前、表立った活動をたった半年間控えることを発表したところ、スポーツ紙に「活動休止」と報じられた。リーダーの水野良樹はツイッターで『『実質的な活動休止』と言われるらしい。しかもたった半年で。馬鹿らしい」と怒りを露わにした。メジャーになればなるほどミュージシャンは締め切りから逃れられなくなる。本人たちに創作意欲が湧くかどうかなど度外視して、レコード会社の年間計画に「年に数枚のシングルと1枚のアルバムを予定」と盛り込まれてしまう。担当は上長から「正直、1枚もないのはつらいね」などとはっぱをかけられる。つらいね、じゃねぇよ、とブツクサ言いながら、ミュージシャンをその気にさせる。ダメならせがむ。小説家も映画監督も脚本家も同じだ。売れれば売れるほど、締め切りはキツくなる。半年の空白ですら「休止」と形容されるほど、休むことが許されない。

音楽界きっての哲学的話者、キング・クリムゾンのロバート・フリップは、「何もしないでいることはたいへんなことだ。これはラディカルな中立性の一形態、熟達したアーティストを規定する特色である」と言う。アイルランドの詩人・劇作家オスカー・ワイルドは「なにもしないのが世界中でもっともむずかしいことなのだ、もっともむずかしくてもっとも知的なことなのだ」と言い残している（いずれの発言もトム・ルッツ『働かない「怠けもの」と呼ばれた人たち』青土社を参照）。いかにも彼らしい理知的な発言ではあるが、ここには「待つ人」の視点が一切欠けている。上長から新しいマテリアルをせがまれている担当者の苦悩はない。ロバートやオスカーに「いつまで何もしないつもりなんだ、あの人たちは」と焦ったり憤ったりしている声は届かない。

「待つ人」の存在。印刷所は「金曜までに印刷機にかけないと出ません」と半泣きで、編集部は「木曜の午前中がマジでデッド」と青ざめていたのに、今はもう木曜の夕暮れ、ここでロバート御大の言説「何もしないでいることはたいへんなことだ」を吐き出すのは単なる卑劣なのだが、彼らはそういう卑劣な発言を平然と吐く。遅刻が最もモンスター化する瞬間だ。「合コンには少し遅れていけば注目を浴びられる」という『SPA!』のモテ特集記事的見解を創作の現場に持ち込んではいけない。

「闇雲な遅刻（合コン）」と「遅れるべき遅刻（ロバート）」を仕分けしていかないと、「遅刻」はたちまち一緒くたにされて、下心を小馬鹿にされたり大げさに迷惑がられたりする。クリエイティブな作業には遅れが生じても致し方なしと自認するロバートのような人は、「オレらの遅れはオマエらの遅れとは違う」と冷静な判別を声高らかに発するべきなのだ。「意味ある遅刻」が「意味なし遅刻」に飲み込まれないように気を配るべきだ。

日本未公開のコメディ映画『The Internship（インターンシップ）』を、遠方から戻る飛行機の中で観た。Google本社が撮影に全面協力し、本物のGoogle社を舞台にしたコメディ映画だ。Googleの社員になりたい中年コンビがGoogleでインターンシップを始め、あの手この手で社員になる方法を企む。（少なくともこの映画内での）Googleはある程度の役職に就くと、その人のスケジュールは社内に向けて電子ツールで全て開示され、誰それと話がしたい場合には、スケジュールを事細かにチェックして会議前や後のわずかな間に狙いを定める。当然ながらその役職にある人間は、その通りにその場へやって来なければならない。もはや、この最先端のクリエイティブ現場には、「うーん、ちょっとまだかかりそう」とか「一晩寝かせてもう一回考える」が存在しにくくなっている。だって、15時にはオリエンテーションルームに行かなければならないし、17時からは異業種交流会に出なければならないのだ。そして、そのことを皆が知っていて、そこへ向かって誰かが決められた時間にやって来るのだ。

「そば屋の出前」が使えない世の中。事実、ピザ屋のバイクや配送トラックの類いは、GPSで管理をされているケースが増えてきているし、このGoogle映画の例や、いきものがかりのいきどおりのように、経済効率性（あるいは「費用対効果」なる言葉）はクリエイティブな世界でも最優先されることになる。

ロバートが言う、表現者としての「ラディカルな中立性」を保つことは難しい。彼らの言う「何もしないこと」を許してくれる土壌なんてない。「ロバートさん、来年のツアー前に1枚お願いしますよ、それまでに出せないなら未発表2曲を入れたベスト盤でどうっすか」と、アーティストの発想は、アーティストのスケジュールに潰される。スケジュールが定められプレッシャーを受ける。だからこそ「意味ある遅刻」が「意味なし遅刻」に飲み込まれることがあってはならない。まずは、「意味なし遅刻」すなわち合コンに遅れていく的な浅はかな遅刻を駆除していくことが、あらゆるクリエイティブの源泉を絶やさないために必要ということか。絶対に負けられない戦いが、遅刻にはあるようなのだ。

第8回

実家暮らし

その1 実家暮らしならではの表現活動

少子高齢化で破綻しかけている社会保障や、根本的に回復しているとは言えない雇用情勢をひとまず隅っこに追いやり「表現活動をおこなう者はなぜか実家暮らしじゃダメとされる雰囲気」について突き詰めて考えていくことにする。作家が「筆一本で」と言い、噺家が「芸一筋○年」と言うとき、その発言者は、実家の世話になっていてはいけない気がする。芸事での収入が少なかろうが独り立ちして、自らの生き様を社会に晒し、そのプレッシャーを独りで背負うスタート地点を肯定する。風呂なし・トイレ共同のボロアパートに住んでいた俳優の話を3ヶ月に1回程度耳にするのはそのせいだ。どんな形であれ独り立ちしてなければ色々と始まらないらしい。始めちゃいけないらしい。

夕方になれば階下の親から「ご飯よ〜！」と呼び出され、夜になれば階下の親から「お風呂入っちゃいなさ〜い！」と提言され、夜深くなれば階下の親が階段を上ってきて「ちょっと、いつまで起きてるの！」と叱られるミュージシャンは、世界平和を願ったり政治腐敗を辛辣に歌い上げたりしてはいけない気配がある。「雨は夜更け過ぎに雪へと変わるだろう」と歌い上げたのが実家だった場合、とりあえず実家出ろよ、それ、小学生の頃から使ってる机だろ、出窓のぬいぐるみ汚れすぎ、と言われそうなムード。ムード、つまり、なんとなく。実家暮らしはなんとなく宜しいとされていない。切実さになんとなく欠けるとされる。ただ、実家にいるだけなのに。

童貞がセックスを語るな、処女がオトコを語るな。いや、別に語っていいと私は思う。童貞の妄想に満ちた跳躍力のある論旨は、3周か4周して現実を見透かしていたりする可能性を持つもの。それと同じこと。実家暮らしなのに、誰かに頼って生きているというのに、世界平和を歌ってもいいではないか。先に、「親が金持ち」というテーマを扱ったが、明確に論旨が異なる。「実家暮らし」は決して「親が金持ち」ではない。むしろ、(まさに話を聞いた篠原かをりさんがそうだったけれど)親が金持ちならば、実家から追い出して、手厚い金銭的フォローで一人暮らしを満喫させることもできる。あてがわれた船で大海を行くのか、浮き輪をつけて浅瀬で過ごし、夜になればその都度浜へ戻るのか、この差は大きい。ダサいのは絶対的に後者だ。

表現し始めることと家を出ることは親和性が高い。この上なくベタだが寺山修司『家出のすすめ』(角川文庫)から抜いてみることにする。

「『家出するなら、お母さんもいっしょに行ってあげるよ』などと猫撫で声を出すママゴン、衝動をいましめよ、と忠告する教師、(中略)あなたたちは、何もわかっちゃいないんだ、全く、何も目標も計画もさだまっていないからこそ、家出という行動を媒介として目標をさだめ（以下略）」

「家を出る＝勇敢・有意義」「家を出ない＝意気地なし・無意味」の構図を提示し、実家暮らしを言葉の限りで虐《しいた》げる。坂口安吾は、帰る場所なんて持たなければいいとしつつ、こんなことを漏らしている。

「人は孤独で、誰に気がねのいらない生活の中でも、決して自由ではないのである。そうして、文学は、こういう所から生れてくるのだ、と僕は思っている」（「日本文化私観」）

なんかいいこと言ってる感じがする。とにかく人は独りになる。それでも自由ではないのだから、と言う。ターミナル駅の地下通路でアコギを抱え、見向きもしない行き交う人々の冷たさに負けず「あの日誓った夢／忘れないよ／煌めく星が／僕たちを照らし続けるかぎり／遥かなあの地平線も／この愛を見守ってくれてるんだから」と真剣に歌えてしまうのは、パッケージ化された孤独をぐびぐび飲んで連日連夜泥酔できるからだ。孤独に浸ることは、目玉焼き作りの手始めに卵を割るように、表現活動の入口にすんなりと用意される。孤独は画になるのだ。

『共喰い』（集英社文庫）で芥川賞を受賞し、受賞会見で石原慎太郎を意識して「都知事閣下と東京都民各位のために、もらっといてやる」と述べた田中慎弥には、「なんせ39にもなっていまだに実家暮らしで就職もバイトもした事ない人ですから」(Yahoo! 知恵袋)と雑なやっかみが向かった。ニートという言葉が頻繁に聞かれるようになったのは、2004年に社会学者・玄田有史が著書『ニート　フリーターでもなく失業者でもなく』(幻冬舎文庫)を刊行した辺りのこと。2006年には『ユリイカ』がニート特集を組んでいるが、今読み返すと寄稿者の多くの論調が、「っていうか、そんな括り方する必要あるの?」に行き着こうとするのが興味深い(斎藤環「『ニート』など存在しない」など)。今、その手の「?」を提示するためには、よほどのトリッキーな論旨が必要になるだろう。

現状を打破する「家出」も、現状に依存する「ニート」も、そのケースバイケースに丁寧に応対してくれる言葉ではない。カテゴリとは押し並べてそういうものだが、カテゴリとして用意されない愚痴「んもう、いい年して家にいて」は漏れなくネガティブな言葉として勢いよく発動していく。でも、実家暮らしは芥川賞を獲る。家出した若者は、今日もまた、センチメンタルなラブを地下道に撒き散らす。どっちが迷惑、と残酷に問えば、圧倒的に後者だ。「ニート」ブームの時世に呼応して生まれた漫画に、深夜のファミレスでフリーター3人組がグダグダ喋るだけの石原まこちん『THE3名様』(小学館)や、そのタイトルが見事に状態を表している青野春秋『俺はまだ本気出してないだけ』(小学館)があるが、成功した側から未熟な側に放たれる「何言っちゃってんだか」という冷たいまなざしを、言われる前から見越しておく姿勢って強い。

「自分らしい何かを得るために家出を推奨」は、大人が青年に仕掛ける最後にして最大の詐欺かもしれない。その入口は自己実現への道筋だったのに、それがいつの間にか「ちゃんとした社会人になりなさい」へ転換される。やりたいことをやるためにも独り立ちしなさいね、が、独り立ちしてるんならそろそろちゃんとしなさいよ、に変わる日は告知なしで突然やってくる。正月には「頑張りなさい」だったのに、春先には「いつまでやってんの」に変わる。その転換時期をあらかじめ予測するのは難しい。

先日出席した結婚式。友人である新郎は30代にさしかかるも、金にならないバンド活動を続けてきた。最後の挨拶で、スポットライトを浴びながら新郎の父親が「もう、こうして守るべき家庭もできたんだし、いい加減、自分の実力に気付くべきだと思う」と言い放つと、会場は割れんばかりの拍手と爆笑に包まれた。新郎は苦い顔をしている。「そろそろちゃんとしなさい」プロジェクトの最終章だ。どうして外から「いい加減、自分の実力」などと確定してくるのだろう。偉そうなお前は誰だよ。父だよ。

こう思う。家にいる、実家に留まっているなりの野心だって満ちているのではないか。夜行列車に乗って、朝方上野駅のホームに着いて一旗揚げてやろうと心に決める時代ではないのだ。移動手段も連絡手段も、その利便性がどこまでも高まっていく現在、未だに「家を出た」「独り立ちした」に、引き続きの加点をしすぎではないのか。田舎（実家）と都会（一人暮らし）の構図を描いた代表的な映画に、『下妻物語』と『SRサイタマノラッパー』がある。公開は前者が2004年、後者は2009年だ。代官山まで2時間半かけてロリータファッションを買いにいくのが前者、後者は地元から出ずに極めて狭いコミュニティの中で不満を蹴散らし、家族からは嘲笑されながらも、その言葉（ライム）の力を純朴に信じこむ。前者は実家にいながら実家にいることを否定する旧来の実家像だ。後者は実家にとどまっていることをとりわけ不満にも不安にも思っていない。彼らは東京を目指そうとはしない。むしろ、東京へ出て行き結局普通に就職しちまったヤツらを、志の低い者として蔑《さげす》む。彼らは「ご飯よ〜！」「お風呂入っちゃいなさ〜い！」「ちょっと、いつまで起きてるの！」の連鎖のなかで社会を照射しながら苛立ちを募らせている。朝は起きられないから、起こしてもらう、で、おい、この社会、どうなっちゃってんのよ。日々の不満が表現欲求に直結するならば、今、めっちゃ苦いのって実家暮らしではないか。

こんなアンケートがある。「NTTコム オンライン・マーケティング・ソリューション（株）提供・goo リサーチ」による、「ドン引きした、社会人になってからも実家暮らしをしている独身男性・女性の特徴ランキング」だ。実家暮らしには地獄のような結果が並んでいる。

1位　未だに母親に服を買ってきてもらっている
2位　実家に一銭も生活費を入れていない

3位　自分ひとりで決断・行動できず、何事も決断を親に委ねる
4位　嫌な事があっただけですぐ仕事を辞める
5位　一人で朝起きることができない
6位　家事全般が全くできない
7位　親や家族に車で送り迎えをしてもらっている
8位　お金が足りない時に、親にお金を借りている
9位　バーベキューなど、みんなでご飯を作る時に全く手伝わない
10位　貯金をしない

特徴ではなく、人格否定のオンパレードだ。実家にいるだけなのに。後半のいくつかはそもそも実家暮らしに限らない。なぜ実家暮らしだけが、バーベキューを手伝わないと断言されるのか。私は実家を出て結婚しているが、バーベキューに行ってもほとんど手伝わない。手伝わないというより、オレがやる、という姿勢を披露したがる人たちに任せておく。これだけのネガティブ案件を畳み掛けられれば、どんな人でもコンプレックスが発芽する、色濃くなる。ってか自分で朝起きろよ、少しは家事しろよ、今後のために貯金しろよ、と言われる。実家暮らしコンプレックスは日に日に煮込まれていく。

人は、お母さんに服を買ってもらってるヤツの音楽を聞きたがらない。毎日のように先にお風呂に入っちゃいなさいと言われているヤツの小説を読みたがらない。理に適ってい

るけれど理不尽。この理不尽は、多様性を希求する社会の潮流に逆行している。退行している。実家暮らしは、コンプレックスのホットスポットと化している。実家暮らしをよき土壌として肯定する働きかけはないものか。

物書きを生業にしていると、時折、気分が高揚して次々と文章が浮かんでくる時間帯がある。あれはとっても貴重な時間帯だ。申し訳ないけれど、宅配便を無視することだって何度かあった。でも、実家にいると毎日「ご飯よ～」と階下の親に呼びかけられる。全て準備してもらっている手前、「ちょっと待って、ラップかけといて」とはなかなか言えない。自分の創造意欲よりも、みそ汁が冷めることを優先しなければいけない。その上で己の創作と戦うのだ。実際に長いこと実家暮らしを続けてきたアーティストに色々突っ込んで話を聞いてみることにする。彼の場合、どうやら戦略的に実家を使っているようなのだ。

その2 現代美術家・泰平インタビュー

「クリエイティブなことをするなら、実家にとどまろう」

親のすねかじり、という言葉がある。具体的な用法としては「いつまでも親のすねをかじりやがって!」という罵詈雑言として使われる。しかし、すねをかじる側にとって、或いはかじらせる側にとっても、これぞ好ましい体制だと認識し合っているならば、ひとまず他人様がつべこべ言うべきではない。用意されたすねをかじればいい。あるいは、この現代美術家・泰平さんのように、実家暮らしを恥じるどころか、むしろ攻めの姿勢に使う事例もある。彼の弁「自ら仕掛けて最適な実家を作っていけばいい」を聞けば、実家暮らしは、たちまちコンプレックスからメリットに変わるのではないか。隠れることもない、堂々たる戦略的実家暮らしを語ってもらった。

COMPLEX

施《し》井《い》泰平《たいへい》 profile

現代美術家、スタートバーン株式会社代表取締役。東京大学大学院修了。2001年、多摩美術大学絵画科卒業後「インターネットの時代のアート」をテーマに美術制作を開始し現在に至る。ギャラリー、美術館での展示と並行してオンライン・プロジェクトも行っている。2014年、東京大学大学院在学中に大学構内にて起業。2015年末には、テクノロジーでアートの課題を解決することをミッションに掲げたオンライン・プラットフォーム「startbahn」をローンチした(2020年より新サービス「Startbahn Cert.」を開始。それに伴い「startbahn」は、2023年を目処に閉鎖予定)。2021年株式会社アートビート代表取締役就任。美術家として活動する際には泰平名義となる。http://taihei.org

――少し前から実家を出て一人暮らしをされているそうですね。実家を出られたのって、今回が初めてなんですか。

泰平　いや、そんなことはないんです。大学時代に3年と、その後も少しだけ出てました。

――ご両親のお仕事の都合でアメリカへ行っていたのは、何歳から何歳までなのでしょう。

泰平　アメリカには4歳から10歳までと、そのあと高校のときに留学で1年間、25歳のときにもちょこっと。それ以降もちょこちょこ行ってますが、家族と一緒に行ったのは最初の6年間だけで、後は自発的にひとりで行っていました。

――日本に帰ってきている間が実家暮らしだったと。

泰平　基本的にはそうですね。ただ、多摩美時代はキャンパスが八王子にあり、実家から通えない距離にあったので一人暮らししました。あと、実家で一人暮らし、というパターンもありました。両親揃って海外へ仕事に行っていた時期がありまして。

――今回、「表現者にとっての実家暮らしの利点」をテーマにお聞きします。アート方面に限らず、なんかこう表現者の人って、独り立ちしてなきゃいけない雰囲気がありますね。たとえば矢沢の永ちゃんが実家に住んでいたらなかなかダサい。或いは「筆一本でやってました」って言っている作家さんが、実は母ちゃんにご飯作ってもらってたら何だかガッカリしますね。

泰平　確かに（笑）。実は今日ここに来るまで、実家暮らしの何がいけないんだろうって状態でこれまで何ひとつ意識したことなかったんですが、言われてみると確かに「矢沢永吉が実家暮らし」は調子が狂いますね。

――ある程度大成すると、その人は自伝を書いたりします。そこで長いこと実家に居られちゃうと、その人の物語的にどうなのかな、と。その昔だったら、夜行列車に揺られ、朝日が昇り始めたころに東京へ着く。よーし東京で一旗揚げるぞ、という場面は、自伝の序章に書きやすいはずなんです。ただし、今はもう地域性が薄らいできましたし、家庭環境も様々ですから、そもそもなぜ実家を出なきゃいけないのか、から問い直さなければいけない。

泰平　多摩美時代を思い起こすと、やっぱり学校が僻地にあったので、一人暮らし率が高かったんですね。無理して千葉の奥地から通っている友人がひとりいましたけど、それはもう大変そうでした。それに、油絵科だけかもしれませんが、多摩美生って、あんまり学校に通わないんですよ。

――おっ、出た！　自分の中での勝手なイメージ通りの美大。で、何をやってるんですか、学校に行かずに。

泰平　友達と缶コーヒー飲んだり、家の中にずーっと居るだけ。修行の場としての一人暮らしみたいな感覚があったんじゃないですかね。

――修行の場ですか。美大特有のカッコよさ。でも、一人暮らしのヤツが、「ちょっと缶コーヒーでも飲むか→長時間語り合う」みたいな日々を繰り返していると「俺は何か成し遂げている」って思いやすいですよね。でも、千葉からわざわざ八王子まで行って授業に出ずに友達と缶コーヒーだけ飲んでまた実家に帰ったら、さすがに僕はこれでいいのだろうか？　って思うはずです。

泰平　僕は大学時代に一人暮らしして、その後実家に戻ったのが、なにかとよかったと思っています。自分の作品にも繋がる考え方なんですけど、意味のないことをしたくないっていう思いが強いんですよね。何かをやるときに一石一鳥ではなく、一石二鳥、三鳥、四鳥じゃないと嫌なんです。実家に居ると光熱費がかからないだけじゃなくて、親孝行もできる。そして、うちの場合は家にガレージがあるので、ガレージをアトリエがわりに使えるし、人手を要する作業は家族に手伝ってもらえます。

その一石多鳥を得るためにマイナス要素があるなら、プラスに変えるようにするんです。たとえば1ヶ月間集中して何かをやりたいときに、家族に邪魔されるのって嫌じゃないですか。でも、そういうときに全く触れてこないように家族全体を教育していけばいい。

――具体的にはどのように？

泰平　その都度、今は触れたらヤバいんだな、って思わせる（笑）。これを繰り返しているうちに親は触れてこなくなった。逆に今、ひとりで暮らしていると、AmazonとかNH

Kが来るじゃないですか。あれのほうが邪魔なんですよ。

——彼らは切羽詰まった創作の空気を一切読まないですからね。

泰平　実家なら部屋のドアの前に置いといてくれます。お金も貯まるし、アトリエもあるし、あらゆることにおいて実家のほうがよかった。

——常にそうやって、効率性に基づいて判断されているんですね。

泰平　今日のこの服(スーツ)なんかもそうなんですよ。美術家って人前に出る職種じゃないし、外向きの服をあんまり持っていない。この状況下で一石多鳥になる服装って何かなと考えるわけですよ。実家暮らしについてのインタビューから自分の作品やプロジェクトのプレゼンに繋げていくときにどういう服装がいいか。こっちのほうが服としてもしっかりしているし、インタビューのネタにもなるし、副次的な効果もある。

——戦略家ですね。その戦略性は「実家暮らしのメンタリティ」って部分でとても似通っているのかもしれず、「一般的にはこうだけど、自分の体を動かしやすくするのは実はこっちなんだ」という選択をしている。一人暮らしのほうがよさそうだけど本当は実家暮らしのほうがやりやすいし、アンディ・ウォーホルのTシャツ着てきたほうが「いかにも」っぽいけど、実はスーツを着ていったほうが、話が面白い方向に行く、という。

泰平　共通項は「何かを我慢しなくちゃいけない」ってことだと思うんですね。その選択によって誤解をする人たちがいるかもしれないけど、でもその誤解を我慢すれば、それ以外の効率が上がる。この意味において共通しているんですよ。

――さっきの、家族を教育するという話ですが、本当にうまくいっているんでしょうか。

泰平　昔は協力的じゃなかったことも多かったけど、今はもう完全に、こちらの領域を守ってくれますね。アーティストを目指す上で最初にやるべきことは、実家の体制を作り上げることじゃないかな（笑）。

――家族の振る舞いをどうコントロールするか。もし、その泰平さんのアトリエになっているガレージに、お父さんが頻繁にゴルフの素振りをしに来るような家だったら、実家を出ざるを得なかったかもしれない。

泰平　そうですね。マルセル・デュシャンという「現代美術の父」と言われている人がいますが、その人は50代半ばまで親から仕送りをもらっていたという話を聞いたことがある。とにかく、そもそもアーティストってものは、社会性よりも作品を作る上での効率を優先するところがあるんじゃないか、と思いますね。効率を優先すると家族との共存の選択肢が生まれます。

――ジャンルを限らず、表現する人たちというのは常に何かしらのプレッシャーに追われていたほうがいいですよね。美大のことを知らないので勝手なイメージで言いますが、先ほどの、缶コーヒー買って語り合っている美大の雰囲気って、なんだか早速プレッシャーのないところに自分を置いてしまっているんじゃないかという気もします。まあ、ソースは『ハチミツとクローバー』（羽海野チカ・集英社）のみですが（笑）。
泰平　学校へ行ってなかったので『ハチクロ』みたいな人が実際にいたかどうかもあまり分かんないんですが（笑）、知る限り、在学中は陰があるというか思い詰めているような人が多かった。なのでまあ、あれは幻想でしょうね。もっと、ジトジトしてると思いますよ。あと、武蔵美と多摩美の違いもありますし……。
——おっ、何ですか、それ。
泰平　『ハチクロ』の世界は武蔵美寄りなんじゃないかと。まあ多摩美生に言わせてみたら、ということにすぎませんが、武蔵美は若々しくて、浪人率が低かった。その次に多摩美で、東京造形大が最も浪人率が高くて。私立の美大の中でも、東京造形大はなんかもう、きのこみたいな感じでした（笑）。
——ジメジメしている、ってことですか。武蔵美＝快晴、多摩美＝曇天、造形大＝梅雨空、みたいな。
泰平　一応フォローしますが、あくまで当時の油絵科限定の印象論ですよ（笑）。
——ところで、実家はどちらなんですか？
泰平　津田沼です。
——やや遠いですね。
泰平　やや遠いです。でも津田沼って、意外と終電が遅くまであって都内の地下鉄駅を最寄りにしている人たちよりも終電がある。だから、そこまで不便じゃないんですが、なかなか都内に出る気持ちが作れない。土曜日に、渋谷のイベント行こう、ってなっても、いやーちょっとなぁって。あと、やっぱり一人暮らしになってから比較すると、一人暮らし=現役の舞台に上がったという感じはありましたね。たとえば、光熱費を振り込むってことからしてそのひとつになるし。

――このオレ自身をひとりでまわしていかなきゃいけない、ってのは、永ちゃん的なストイックさですね。それは確かにカッコいいけれど、実際にそれを大学2年生くらいでやり始めてしまうと、月に15万稼ぐのに精一杯で、もう「週4バイトしなきゃやってけねーよ」ってなるじゃないですか。

泰平　昼はファストフード、に加えて、夜は飲み屋でも働かないと（笑）。

――そうです、そうなると、なんか本末転倒になりますよね。その中で、期待すべき卵が潰れちゃってる場合もあるんじゃないかって。

泰平　多いと思いますよ。だから「まずは実家を教育せよ」なんです。この言葉をきっかけに活力のあるクリエイターがいっぱい生まれたら嬉しい（笑）。

――泰平さんの作品はサイズの大きいものが多いですよね。実家にガレージがあったからこそできたっていう部分もあるんじゃないですか。

泰平　いや、2006年、最初に本棚の作品を作ったときは家の中で作れなくて、バラバラに作って最後に搬入する直前にトラックの前で組み立てたりしたんですよ。その後、家が老朽化してきたし、父親がもうすぐ引退ってこともあって、家を買おうか、というタイミングが来た。こういうときに、積極的に家族会議に参加するんですよ。で、ちゃっかり自分のことを考えて、家族が望む形と自分が欲しい形を両立させていく。そして、僕はガレージを得たわけです（笑）。あのときに積極的に参加しなかったり、今の家が見つからなかったら、作品の形状が変わっていた可能性すらありますね。

——そうですよね、家族がこれからは普通のアパートに住みます、って言い始めて、お前は6畳の部屋ね、となったら……。

泰平　もう小さいものしか作れなくなったかもしれない。

——住む場所というのはクリエイティブな指向性も、実際できるものの方向性も、ガラっと変えてしまいますよね。

泰平　そうですね。東京都現代美術館では毎年『MOTアニュアル』という、若手のアーティストを取り上げる展示をやるんです。この初年度に『ひそやかなラディカリズム展』という展示があったんです。当時、インスタレーションが流行のピークで、アメリカのアーティストなどは莫大な制作費をかけてネオン管を天井から何百とぶら下げたり、ゴミ捨て場のような空間だったり、宝の山のような空間だったりをとてつもないダイナミズムで表現していた。一方でその『ひそやかなラディカリズム展』では、ほとんどのアーティストが、ちょろちょろっとしたものをでっかい白い空間の中で展示していた。たとえばコップ1個置いてあるとか、マスキングの切れ端が壁に貼ってあるとか。でも、そういう家の中でちょろっと作れるようなものばかりが出て来たのは、象徴的なんです。

アメリカのアートシーンのようにパトロンも多く、制作費もあって、作る場所も広く、お客さんが大勢来る、というような状況にない。そのなかで、日本人が、色々な事情に対応した作品を作った、というのは面白かった。でも、面白いけれど、僕はそれだけでは嫌なんですね。大きく言えば、超越したい、と思っている。宇宙探査機がより遠くまで観測に行くために惑星の重力を利用してスイングバイで増速するみたいに、アイデアを駆使して、高みを目指したいんです。

——日本の居住環境はおそらくどの国と比べても狭いはずですが、そのことが、表現におけるスケール感に直結している可能性はありますよね。一人暮らしの6畳部屋で8畳サイズの絵は描けませんから。でも、アメリカのロードサイドにある大きな一軒家だったらどんなにデカい絵でも描ける。

泰平　僕が所属しているギャラリーに、淀川テクニックというアートユニットがいるんですが、彼らは淀川の河川敷でゴミを拾って作品を作るんです。その作品は『ひそやかなラディカリズム展』のアンチテーゼとして見ても面白いですよ。河川敷をアトリエにしてしまえば、広さは無限大にあるし、ゴミを素材にすれば制作費で困ることもなくなる。

――クリエイティブなものの現場って東京に一極集中しがちですが、その外側でそのままステイしてもらったほうが作る上での可能性っていっぱい広がるわけですよね。たとえば、日本海沿いに住んでいるなら、ここに居たらこの砂浜は全部使えるぞ、というような考え方ができる。

泰平　ほんとそう思います。そうそう、多摩美と東京造形大の間の山に、たくさんの彫刻が捨てられているっていう噂があって……なぜって、彫刻家は大きなものを作らなきゃいけないけど、保存する場所がないじゃないですか。だから捨ててしまうらしいんです。で、あの山の中には、すごくクオリティの高い彫刻がたくさんあると（笑）。日本の田舎には、土地が余っている場所もありますよね。保存する場所がなくて捨てられる作品と土地が余っている場所をマッチングしたら、「箱根彫刻の森美術館」のような施設がもっと作れるんじゃないかと思うんですよね。彫刻家たちだって、正規の価格で売れなくても保存代だけでも浮かせる、というか、捨てなくてもいい状況を生むことができる。

――なるほど、それはとても前向きな考え方ですね。

泰平　そうですね。それが、僕がやっているstartbahnっていうプロジェクトに繋がってくるんですが……。

――こうやって、プレゼンに繋げていく。

泰平　そうそう、うまい具合にね（笑）。これは、アートマーケットをウェブ上でつくるプロジェクトです。たとえばニューヨークのような、うまく成り立っているアートマーケットをウェブ上で自動化して、誰もが参加できるようにする、というようなことができたら面白いのではないかと着想したんです。これまではギャラリーに所属するのもとてもハードルが高くて、アートオークションに出るなんて更なるハードルがあった。その理由というのは、ひとつひとつの作品を育てるのにすごくコストがかかったからなんですね。ギャラリーに所属してもらい、そのアーティストを育てる、でも3000円の作品しか売れないとなると、全くペイできなかった。だからどうしても作品は高価になるし、おのずと市場は寡占的になり、閉鎖性も増す。でもそれを自動化すれば3000円の作品であっても扱えるようになって、色々広がるんじゃないかと。

——本当はコレクターが若いアーティストの先物買いをして、その人の評価が出るまで応援する、っていうのが理想だと思うんですが、結局買っても売る場所がなかったりだとか、売れないから作品もまわらないし、その人の評価も上がらない。

泰平　そうですね。僕の友達で、ふすま大程度の作品が100万ぐらいで売れるようになったアーティストがいるんですが、彼なんかは学生時代に年間1000枚近く自分の作品を捨てていたんですよ。これを捨てたのは、やっぱり不動産事情だった。1枚1000円でも売れていれば、1000枚で100万です。アートって、株のような側面もあって、その後に活躍すればするほど、新作はもちろん、過去の作品の価値も上がります。だから若いうちに販売した作品が将来の自分を後押しする仕組みを作れば、作品を捨てることもなくなるし、それがアート活動を続けるための精神的、金銭的サポートになるんじゃないかと。これを実現させたいんです。

――首都圏にいる美大生が、本当は捨てずに取っておくべき自分の作品をバンバン捨てている現状がある。みんな、一人暮らししているからそういう将来の財産を泣く泣く諦めてしまう。長年、実家暮らししていると、兄弟が出ていったりするから、そうすると部屋がひとつ空く。同居して親の機嫌を取りながら、そこに自分の作品を置いておくと。そしたら、ちょっと芽が出たときに、それを売れるようになる。買うほうも同様です。日本の住宅、とりわけ若者が一人暮らしするような家には、そもそも絵を飾るスペースなんてないですよね。パソコンの脇に飾る絵はがきはいくらでも選べても、絵は飾れない。これが実家暮らしだとどうなるか。出てった兄貴の部屋、あそこに1枚どうか、と家族会議でひとまず提案できる。一人暮らしならば、立体オブジェなんて絶対置けない。棚、テレビ、タンスで、既に角が埋まっていますからね。でも実家には、置くものがない出窓がある。あそこには色褪せたぬいぐるみが置かれているくらいでしょうから。

泰平　住環境の問題ももちろんですが、僕が買うほうの立場だったら家に余分なスペースがあっても、たとえお金持ちになったとしても、今のアートシーンでは作品を買わないなぁと思っているんですね。海外だとアートは投資の対象になったり、その買った人のステイタスに直結したりする。そしてコミュニケーションのきっかけにもなるし、教育やビジネス、政治とも繫がっているし、おまけに節税対策にもなる。でも日本では、「好きな人が、好きだから買う」以外に理由が見つけにくい、いわば一石一鳥にしかならないんですよ。

ここでまたstartbahnに繫げると、ここでは、買った作品を自由に売ることができる。その中で、この人は見る目があるな、となれば次の作品が買いやすくなったりと、一石を多鳥にする仕組みをたくさん用意している。

実家暮らしの話にも繫がってきますが、小山登美夫は、ギャラリーを開いた当初、自分の母親に作品を買ってもらったと本に書いてありました。当時まだ無名だった村上隆の作品を数十万円で買ってもらった。息子を応援する気持ち、でしょうね。僕らのまわりにも、そうやって身内に作品を売る人が多い。僕もそう、若いころは親や姉弟に買ってもらったことがある。そういうときには皆だいたい「将来高くなるからね」と言ってくれるもの。でも、高くなったら、どこで売ればいいのかすら知らない。売ってしまうことが、その作家にとって失礼になるんじゃないかって思われる風潮もある。そういうマイナスの部分もプラスに変えられるようにstartbahnでは工夫している。

ともあれ、まずは、親に言ってみるべきなんですよ。将来の自分のためには、とか、これまでやってきたものが無駄になるよとか。段階に応じて親に対して、自分の最適とは何か、を伝えていく。僕が「一石多鳥」と繰り返すのは、テトリスでいう、積み上げておいて縦棒で一気に4行消す、あのイメージなんですね。あれをやらなきゃ達成できない目標もあるし、そのためには親の協力が必要なんです。上手く行けば自分も家族も一気に幸せになれる（笑）。

――でも、その縦棒用にスペースを空けておくのは、リスクも大きいですね。うまい具合に4行消せる縦棒が出てくればいいけれど、カタカナの「ト」みたいのが続けて出てくると、パニックに陥ります。

泰平　リスクだらけですね（笑）。今の世界というのは細分化していて、とにかく1行ずつさっさと消していこう、職業にしても細分化していこう、という動きでしょう。でも僕はそうではなくて、ひとりで全部やりたいし、アイデアを駆使して一石多鳥で効率よくスイングバイして、可能な限り遠くまで行きたい。

――そのためには、実家にいかに作品を置くか、あるいは買ってもらうかが重要になる。実家を活用しよう、と。

泰平　実家で自分の体制を整える。そして家族の体制を整えるというのはやっぱり有効な気がしますね。犯罪の被害者が、犯人と同じ空間を共有することで心を通わせてしまう「ストックホルム症候群」という心理状態がありますが、実家に長くいると家族がストックホルム症候群に陥って仲間になってくれるかもしれない（笑）。でも、「ストックホルめておきます。

ム」化するのを待つのも結構大変なんで、自ら仕掛けて最適な実家を作っていくことを薦

「戦略的に実家にとどまる」というのは「無理してアパートを借りる」と対極にある。世の若き表現者たちは、率先して後者を選ぶ。世もそれを望む。泰平さんはインタビューで「一石多鳥」という表現を繰り返した。ひとつの動きで多くを得る、動きやすい体を作る。これは、「一石一鳥、この一投で捕まえてみせるぜ」という旧来の成り上がり精神を、軽やかに否定してみせる身のこなしだ。1に目的、2に世間体。これが一度逆転すると、なかなか目的地にはたどり着けなくなってしまう。世間体ばかり気にしてしまう。そんなの気にせず、堂々と実家に住めばいい。実家に電話してみよう。切符を買って、実家に帰ろう。そして、そのまま実家にとどまろう。

その3 朝ドラと実家暮らし

自分は東京生まれ東京育ちなのに、「カップルのどちらかが上京しどちらかが田舎に残る決断を描いた映画のラストシーン at 無人駅のホーム」にとことん弱い。もうすぐお別れ、列車が駅舎に入ってくるあたりで既に目に光るものがある。別れを惜しむ時間を断ち切るように、無情に動き出そうとする2両編成のローカル線。互いに互いを想っていることを伝えたいのに、ギリギリまで他愛もない話を続けてしまうふたり。なにか他に言うことがあるだろう。でも、言えない。言わない。言おうとしたけど言えなかった。ドアが閉まる。東京で、頑張ってくるからな、とホームのギリギリまで追いかけてくれた恋人が小さくなっていく姿を見て決意をする。「うんうん、分かるよ、その気持ち」。そんな私は東京生まれ東京育ちである。

NHK連続テレビ小説『あまちゃん』が世代・地域を超えて全方位的に受け入れられた要因のひとつに、(舞台は田舎なのに)主人公のアキ自身が都会育ちだった、という点が挙げられる。田舎で暮らしたことがないのに、母親が若い頃抜け出した田舎町に一緒に帰るとの設定は、いわゆるホームドラマやベタな青春恋愛ドラマに準じるようでいて反転させる身動きであった。その移動を始点にしつつ、北三陸で出会ったユイと共にアイドルを目指したアキは、結果的にひとりで上京することになるし、後々追いかけて東京に戻ってきた母・春子を再び置いて、今度はまた実家に戻ってしまう。そしたらば、卒業したら東京へ行くからとふられ、そののちに東京で付き合うことになった先輩・種市のところまで戻ってくる。戻った場所には、上京も帰郷もできなかったユイがいる。『あまちゃん』は、上京と帰郷が盛んに交錯していた。最初からズラしたからこそ、頻繁に交錯したと言える。『あまちゃん』にはホームドラマという呼称が似合わなかった。なぜって、映し出されるかぎり、登場人物がそんなに家（ホーム）にいないからだ。むしろ、ホームの役割を果たしていたのは、かつては春子が、のちにユイが働くことになるスナックだった。駅の〝ホーム〟から直結していることもあり、帰郷した誰かは、誰かの家ではなくひとまずこの駅のスナックで手厚く歓迎されることになる。ホームドラマで繰り返し描かれてきた田舎のベタな光景、大きめの居間に地域住民が集いドンチャン騒ぎするアレはほとんど見られない。スナックの横並びのカウンターテーブルは、「上座は誰それ」「ほらほら女子は注ぎにいかなきゃ」と強いる、居間っぽい慣習を打ち砕いていた。『TV Bros.』での『あまちゃん』特集（2013年9月14－27日号）でチーフ演出・井上剛が明かしているが、宮藤官九郎からは企画最初期より「田舎をやりたい」という意向が出ていたという。井上は「僕は地元を離れて久しいんですけど、田舎に対する『どこか恥ずかしいもの』という感覚はずっとあるわけです。特に誇れるものがないというか（笑）」と言う。そして宮藤とロケ地である岩手県久慈市に初めて行ったとき、宮藤が「なんか残念ですよね！」と、悪気なく愛着を持ちつつ言い放ったのが印象的で、「全国ネットの公共放送で『残念』という感じを言っても、宮藤さんの書き方だったらちゃんと伝わるんじゃないか」と考えるに至ったと漏らす。田舎を必要以上に「実はいい所」と持ち上げるのは限界がある、そこで暮らす人々はそんなにカッコよくはない、そして一方的に愛でられるほど単に素朴なだけじゃない、この残念な田舎を都会からの視点で描いたのが『あまちゃん』だったのだ。

『あまちゃん』の映像で特徴的だったのは、登場人物がひとりきりになるシーンが極めて少なかったこと。ある人物に葛藤が生じる、そいつをひとりにさせて、本人のナレーションをかぶせて心象を説明するのが、テレビドラマの十八番だ。ありがちなシチュエーションとしては、部屋のベッドに倒れこんで天井を見つめる、机に突っ伏して思い悩む。『あまちゃん』にはこの「ひとりで葛藤」シーンが極めて少なかった。むしろ、ナレーションを被せていくのは誰か大勢といるときだった。しかも、そのナレーターはアキ自身ではないことが多く、田舎にいる間のナレーションは祖母の夏ばっぱや春子が担当、アキの心象をアキ以外の人に語らせるのだった。春子の実家で暮らしているアキが、家に帰ってから何をしているのか。「その1」での議論と繋げるならば、それこそ「風呂入って〜」や「ご飯よ〜」といった想定されうる実家暮らしシーンは登場しない。アキが極めて即物的な動きをする運動体であるがゆえに、常に今の行動、今の行動、今の行動を映し出せば、あっという間に15分が過ぎてしまうのだが、とにかく彼女は屋内で独りになろうとしない。ひとりの成長を追うことの多い朝ドラで、これだけ実家暮らし感を出さない実家暮らしドラマは珍しかった。コンプレックスとしても田舎の実家暮らしが発芽しない。

『とと姉ちゃん』はとにかくいつまでも実家に暮らしまくる物語だったが、長女の常子は自らに課した「妹たちをお嫁に出す」を背負いながらも、自分が実家で暮らし続けていることを争点にしなかった。しかし、周囲は時折、「いつまで実家にいるのか」とうっすら問うてきた。

『あまちゃん』で実家暮らしを匂わせたのは、むしろユイのほうだった。アイドルになりたいと東京を目指すも、父が倒れて東京行きを諦め、母は失踪、やさぐれてヤンキー化する。このユイの内心についても、自室に閉じこもる彼女を映し出してみる、という例の方法論をとらない。ユイもまた、人と接触しながら、その内心をほのめかそうとする。『あまちゃん』がテンポよく、そしてユーモラスに描かれたのは、アキとユイの「実家暮らしコンプレックス」をシャットアウトしたからではないか。「田舎コンプレックス」についてては正面からぶつかっていったが、「実家暮らしコンプレックス」は描かなかった。実家の場面では印象的な場面が極めて少ない。夏ばっぱ役の宮本信子が倒れる場面くらいだろうか。田舎で物語が動くが、実家では物語が動かない。

イギリスの小説家、ヴァージニア・ウルフは、「女性が小説なり詩なりを書こうとするなら、年に500ポンドの収入とドアに鍵のかかる部屋を持つ必要がある」(『自分だけの部屋』みすず書房)とした。鍵のかかる部屋、つまり、他者の混入をこちらからシャットアウトできる環境が、創作には必要だと。少なくともこれまでの歴史において、女性は、子どもや親族や他者を男性よりも歓待しなければいけない性別とされてきた。稼ぐのは男性。お金は、男性から譲渡されるもの。それでは、女性は創作へ向かえない。お金と鍵のかかる部屋をください、と。詩人・小池昌代は、建築家・塚本由晴(アトリエ・ワン)との対談『建築と言葉』(河出書房新社)のなかで、このウルフの発言を挙げ、「今は、その鍵のかかる部屋を持って女が書くって感覚が、自分の中で少しずれてきている」とし、「開くと、開く前は、自分が壊されそうで、ものすごく怖かったのに、なんだ、たいしたことないじゃないの、失うものなどない、自分は何を怖がっていたのか」と述べた。

それに対して頷きつつ塚本は、対談当時に放送されていたNHKの朝ドラ『てっぱん』の舞台、木造の長屋が並ぶ街にある下宿屋が、いかに開放的な建築になっていたかを語る。平等な建築のなかで、「ワイワイやっている。そして色んなことが起こるたびに誰かがぽろっと一言漏らす」。その一言が物事をほぐす。「建築はとりわけ人間の生きる条件にすごく関わってきますから、そこのところに遡る、あるいは降りて行くことが、建築を考えるということに繋がります」。

となれば逆に『あまちゃん』は、人の群がりがハナから開放的なあまり、そもそも建築という概念をとっぱらっていたとも言える。『あまちゃん』を見た地方出身者から、ポロリと「本当はもっと人付き合いがめんどくせーんだけど」とありきたりな文句を聞く。『あまちゃん』はそれを描かない。面倒臭さは、そこにいるひとりひとりを独りぼっちにさせて、内心を訥々《とつとつ》と語らせたときにジトジト浮き出てくる。この面倒臭さを描かないために、たとえば、アキの部屋、ユイの部屋、ユイの実家でのやりとり、そしてスナックに集う独身族の自宅での日常を描くことを最小限に留めた。独りにさせない。宮藤が当初企図した「残念な田舎」を描くために、実家暮らしは意図的に放っておかれたのではないか。

藤本由香里の少女漫画論『私の居場所はどこにあるの？』（朝日文庫）に、少女漫画は綿々と「欠損家族」を描いてきたとの指摘がある。天涯孤独、母子家庭、離散寸前の家族、うまくいかない家庭環境のオンパレードが、いくつもの主人公の絶望にもなり野心にもなった。読者の共感も、その欠損によって育まれてきた。『あまちゃん』に、その手の「欠損」はない。「欠損」が前提で登場してくる人物はいない。ただし、少し覗けば、それぞれが少しだけ欠損している。アキの親は離婚しているがその後にヨリを戻し、ユイの親も崩壊寸前までいったが仲直り。これまで散々ドラマの主題になってきた「欠損家族」の設定が添え物程度で扱われている。いくらでも「欠損」で時間を稼げたはずだが、意識的に排すると決めていたのだろう。

世の中に、実家暮らしコンプレックスはある。残存している。でも、そのコンプレックスを使っても、この時代を新しく捉え直すこともできなければ、じっくり表現することにも使えない。『あまちゃん』の「実家暮らしを描かない」スタンスは、その事実を教えてくれたのかどうか。田舎は物語に有効でも、実家暮らしでは物語を彩れない。『あまちゃん』のあのテンポが守られたのは実家暮らしを描かなかったから。ドロドロしたかつての昼ドラや、トラブルが起きなければその放送回を終われない韓流ドラマは、かならず、登場人物の自宅での振る舞いを追う。ああもう、と、シングルベッドに倒れ込む。『あまちゃん』は実家暮らしコンプレックスをシャットアウトしたから、あそこまで成功したのだ。これを逆さから捉えれば実家暮らしはコンプレックスとしてまだまだとってもクラシックなものとして転がっているのである。

第９回

背が低い

その1「背の順」で腰に手を当て続けた人たち

カメラを首からぶら下げた背の低い眼鏡のオッサンが忙しなく動き回る。これは欧米の映画やドラマで度々提示されてきた、弱々しい日本人の最たるイメージである。日本人は自分たちの背が欧米諸国と比べればどうやら低いと知っている。なぜなら、しきりにそう知らされてきたからである。どうやら低いらしいの「どうやら」の具体として持ち出されがちな最たる写真は、太平洋戦争敗戦の翌月に撮られた、昭和天皇と連合国軍最高司令官のダグラス・マッカーサーとのツーショット写真だ。

マッカーサーの身長は180センチ、一方の昭和天皇は165センチほどだったと言われている。両手を腰に当て、胸を張るようにして写真におさまるマッカーサーに対し、肩を狭めて、手は「気をつけ」、猫背でどことなく申し訳なさそうにうつる昭和天皇の姿。この1枚の写真を見て、勝者と敗者を言い当ててくださいと問えば、間違える人はいないだろう。もしもマッカーサーが163センチだったらこの写真はソファに座ったふたりの写真になっただろうし、168センチだったらバストアップのツーショットになっただろう。圧倒的な身長差だからこそ全身ショットになったはず。背丈は、このようにして、優劣を周知させる一次情報になり得るのだ。

日本人男性は本当に背が低いのかどうか。OECDのデータを基に作成された「社会実情データ図録」の「平均身長の国際比較」によれば、日本人男性の平均身長は171・6センチ。長年のコンプレックスを日本に付与してきたアメリカ側を確認してみれば175・7センチ。その差は4センチだから、実はそこまで変わらない。別に頭に蝶々を乗せる必要はないけれど、蝶々を乗せれば追いつくくらいだ。戦後間もない1950年の日本人男性の平均身長は161センチだったから、戦後から今に至るまでに10センチ以上も平均身長を伸ばしてきたことになる。平均身長が最も高いオランダでも181・7センチ、トップとも10センチしか変わらないとなれば、あの写真が持っていたビジュアル的なトラウマからはようやく抜け出せたと言える。現時点でのトップの身長を比べてみると、安倍晋三は175センチ、ドナルド・トランプは188センチ（オバマは185センチ）と、いずれも平均より大きいものの、平均値同士の差よりは身長差がある。

G7などの首脳会合の集合写真では、おおよそ端っこのほうでちょこんと所在なさげなのがここ最近の日本の宰相たちであったが、開催国かどうかや在任期間の長さで決まっているとはいえ、どうもメンタルの部分に起因しているように見えてしまう。トランプと安倍が首脳会談後に別荘でゴルフをしたとき、ふたりがハイタッチをする1枚の写真が公開されたが、トランプが高い位置から手を差し出し、安倍が下から手を上げてタッチを試みようとする瞬間の写真だった。あの構図にはトランプ側の意図を感じた。

〝経済成長〟のみならず〝身長成長〟を見せたバブルの時代、女性は男性に「高学歴」「高収入」「高身長」、いわゆる「3高」を求めた。この高身長願望は果たして今に続いているのかどうか。

働く独身女性を対象に行った「オトナの女のリスク実態調査」(2010年・アクサ生命)の「結婚相手に求める条件」を見ると、「背が高い」はベスト3どころか20位まで落ち込んでいる。ベスト3はすっかり様変わりし、「価値観が合う」「金銭感覚が一致している」「雇用形態が安定している」の通称「新御3K」。「高」という実像よりも重視されているのが「観」や「感」。実際の数値を示せばそれで済む「高」とは違って、「観」や「感」は、提示したところで「いや、そういうことじゃないんだよね……」と、後になってニュアンスで揉めそうな気配が漂う。第6位にランクインした「頼りがいがある」の「がい」なんかもだいぶ雲行きが怪しい。堂々巡りで揉め事を呼び起こしそうなワードである。つまり、結局はその人次第ですね、との結果であり、ならばアンケートをとること自体が間違っているのではないか、と暗に問いかけてくる結果なのであった。

タレント・菜々緒とミュージシャン・西川貴教が交際していたとき、報じる側はそのギャップを言い表すアイテムをふたつ用意した。「20歳近い年齢差」と「10センチ以上開いた身長差」である。見出し作りに命をかける人たちは、どちらがより下世話に響くかを測る。その結果として選ばれた「差」は、年齢よりも身長。やがて破局した菜々緒がモデルのJOYとお泊まりをすると「元彼・西川貴教との身長差は29センチ！」と報道されたし、菜々緒自身もテレビ番組の企画で背の低いADと並べさせられ、周囲からの野次に応えるように「思い出しますね〜」と元カレの低身長を笑いに変えていた。

低身長って露骨に突いてもいい、と思われがちな息の長い弱点である。小さくて見えないよ、というユーモアの鉄板っぷりが、植え付けられるコンプレックスとして王道中の王道であることを知らせる。背丈に差が生じ始める小中学生期は、体の大きさがそのまま校内でのポジショニングに直結しかねない。高校を卒業してしまえば「背の順」という概念はどこにもなくなる。試しにこの2週間ほどで会った誰かを思い出してほしいが、彼や彼女が「背の順」でどのあたりかを位置付けることって難しいはず。

中高時代は何かと「背の順」で集団を整理していた。雑多な面々で戯《たわむ》れていても「並べ！」との指示が下れば、背の低い誰かと背の高い誰かは強制的に離されたし、その離散を甘受していた。オフィスのデスクが「背の順」に並べられることはないし、ホームで電車を待つ列が「背の順」に並び替えられることはない。高井昌吏・古賀篤『健康優良児とその時代　健康というメディア・イベント』（青弓社）に詳しいが、かつて教育の現場では児童に対して「健康」であることが評価され「精神・知能が優れたものは身体も健康である」との見方が存在していた。「背の順」信仰が根強いのも、そうやって子どもたちを「標本化」するように見つめてきたからなのだ。「前へならえ」で手を小さく前に出すことができずに腰に手を当て続けた先頭は、腰を手に当てたまま、背中にいくつもの「チビ」との目線を浴びてきた。公的に生じたコンプレックスを背負い続けてきたのだ。150センチの誰かは、148センチを「チビ」と呼ぶ。それを誘発してきたのは学校教育である。

大人になると、オマエは体育会系だったのか文化系だったのか、との議論を投げれば、いくらでも争点を捏《こ》ねられるが、実際のところ、「どちらを選んだ」ではなく、「体育会系に行けるかどうか」という選択肢ではなかったか。背が低いアドバンテージは体育会系という積極的な選択肢を遠ざけがち。その選択肢を摑みとれなかった自らの至らなさが、じんわりと体内を蝕《むしば》む。男女ともにそれなりに色気づいてくるとき、背の高い体育会系と背の低い文化系では、身長差以上の格差が生まれる。文化系に提供される、おすそ分けされる色気は極めて少ない。背の高い体育会系が趣味で軽音楽を兼務し始めた日には、色気が独占される。

文化系には文学という最たる太刀打ち手段があるが、当然、背が低いという悩みは文学の中で、頻繁に顔を出してくる。たとえば芥川龍之介「芋粥」では、うだつの上がらぬ男について「第一背が低い。それから赤鼻で、眼尻が下つてゐる。口髭は勿論薄い。頰が、こけてゐるから、頤《あご》が、人並はづれて、細く見える」と人様を不細工だとこき下ろすための筆頭に低身長を引っ張り出しているし、太宰治は「失敗園」で「隣りのチビだわ。本当に、本当に、チビの癖に、根だけは一人前に張っているのね」という、チビ業界では最たるマル禁ワードとしてそびえる「チビの癖に」を登場させては、チビを根から否定している。ん？　文学がチビの味方をしていない。声をあげにくいはぐれ者たちの支えにもなってきた彼らの文学だが、チビには厳しいのだ。それもそのはず、芥川は１６７センチ、太宰は１７２センチ、なかなかの高身長だったという。自分のコンプレックスにはいつまでも固執するくせに、自分に関係のない「背が低い」コンプレックスには手厳しかった。

コンプレックスの中でも、打破しようのないコンプレックスはとりわけ取扱に注意が必要。背が低いのは、ほぼ先天的であるから、解消への道を探れなくはないデブやガリガリよりも気を配らなければならないはず。しかし、デブやガリガリよりもポップに軽視される。織田作之助がその名も「世相」という短篇で「あのスター、写真で見るとスマートだけど、実物は割にチビで色が黒いし、絶倫よ」と会話中に書いている。「実は小さい」にも厳しいし、「やっぱり小さい」にも厳しい。どうすりゃいいのだ。「背の順」の強制力と「世相」の理不尽さが絡み合い、「背が低い」はとどまるところを知らないコンプレックスとして肥大化していく。

日本があらゆる側面で欧米化していき、体つきもなんとか追いつこうとしている現在、「背が低い」問題は放置されたまま、言及される側に鋭利に突き刺さっていく。コンプレックスを軟化させるひとつの文化的作法に「笑いに変える」があるけれど、お笑いコンビの片割れがチビであるケースがこれほどまでに多いのは、「チビ」がクラシックなコンプレックスとしていつまでも使える証拠である。漫才のステージに背の高い人と低い人が出てきた。「ひっぱたいてもかまわない」のはどちらか。それはやっぱり低いほうなのだ。背が低い、それでも人前に立つとはどういうことなのか、あのベテランバンドのボーカリストに話を聞いてみる。

その2 フラワーカンパニーズ・鈴木圭介インタビュー

「俺が180センチ超えていたら……まぁ、東京ドームやってんじゃないですか」

当たり前だけど、ロックンロールの有無と身長の高低に相関関係はない。背が高くても低くても、ロックはロックだ。むしろ、ロックンロールの初期衝動（ってそもそも何だ、という気もするけど）とコンプレックスは直結しやすいものだから、背が低いというコンプレックスが、図太いロックンロールを維持し続けてきた可能性がある。最初に抱えたコンプレックスが、そのまんま稼働し続けているのだ。

結成から30年を迎えようとするフラワーカンパニーズのボーカル・鈴木圭介の身長は159センチ。もしも鈴木の背が高かったら、ブレないロックンロールが私たちに届くことはなかったのではないか。ロックと低身長の友愛を語る。

COMPLEX

フラワーカンパニーズ profile

名古屋が生んだ“日本一のライブバンド”。通称フラカン。Vocal：鈴木圭介、Bass：グレートマエカワ、Guitar：竹安堅一、Drums：ミスター小西の4人組。1989年、地元の同級生によって結成され、95年メジャーデビュー。6枚のアルバム＆12枚のシングルをリリース後、2001年メジャーを離れ、自分たちのレーベル「TRASH RECORDS」を立ち上げインディーズで活動。“自らライブを届けに行く事”をモットーにメンバーが機材車に乗り込みハンドルを握り、年間100本を超える怒濤のライブを展開。2008年に再びメジャーレーベルに復帰。楽曲「深夜高速」が多数のミュージシャンにカヴァーされるなど、その活動が注目され話題に。2015年12月19日「メンバーチェンジ＆活動休止一切なし」結成26周年にして自身初となる日本武道館公演「フラカンの日本武道館 〜生きてて よかった、そんな夜はココだ！〜」を開催。2017年に再び自主レーベル「チキン・スキン・レコード」を立ち上げ、2020年18枚目のアルバム『36.2℃』をリリース。

https://flowercompanyz.com

――のっけから失礼な質問ですが、背が小さいのを自覚されたのはいつですか。

鈴木　幼稚園のときから一番小さかったんですよ。その頃は大きい小さいといってもたいして差がない。ただし、デカい奴だけは分かるんですよ。んで、僕、そいつのことが大嫌いだった……。

――デカいか小さいかが、そのまんま権力構造に直結しますもんね。

鈴木　中学くらいまでは体の大きさで決まりますよね。デカくて腕っ節も強いガキ大将には、なるべく近づかないようにしていました。とにかく近づかないようにしていたこともあって、ガキ大将から屈辱的なことをされることはなかったですね。

――背が低いこと自体は、誰かに言われるわけではなく、自覚されていた。

鈴木　そうですね、やっぱり背の順に並べられる経験が否応なく自覚させるんですよ。あと、集合写真。いっつも先生の隣です。集合写真のポジションって背の順で決まるじゃないですか。担任の先生と校長先生だかが真ん中に座って、その隣に一番背の低い人がちょこんと座る。

――朝礼では「前へならえ」の先頭、腰に手を当てるポジションが続いたんですか。

鈴木　そうですね。小1～3くらいまではそうだったんですけど、小4から変わりました。

――おっ、更に小さい人がクラスに！

鈴木　いや、小4からクラス委員が一番前になりまして。

――それはズルい卒業の仕方ですよね。

鈴木　いやでも、助かりましたよ。朝礼って前にずらっと先生が並んでいるから、なんにも悪いことできないんですよ。それに比べて、後ろの奴って大抵悪いことしている。先生は後ろのほうに向かって「おいこら、何やってんだ」って怒ってるんだけど、こっちは前を向いたままだから、何やってるか分からず、すっかり置いていかれる感じ。

――自分が小学生の頃を思い出してみると、背が小さい奴って、マスコットっぽい扱いでチヤホヤされる、なんてバージョンもありました。鈴木さんはどうでしたか。

鈴木　あー、あれはクラスによるんですよね。うまくいっているときは、ゆるキャラっぽく人気者になりましたね。

――勝手なイメージですが、ドッジボールで最初に「あいつを狙え！」って追いかけ回されるタイプではなかったですか。

鈴木　逆ですね、最後まで残っちゃうタイプ。ちょこまか逃げるもんだから、最後まで残っちゃって、うわっ、しまった、早めに当たっておけばこんなに目立たなくて済んだのに、って。結果的に挟み撃ちになって、ショボい終わり方をするんです。

――弟さんのほうが背がデカかったから、洋服は「お下がり」ではなくて、逆に弟のものをもらっていたそうですね。あだ名は「お上がり君」だったとか。

鈴木　中3の頃ですね。それまでは辛うじて僕のほうが弟よりデカかったんですよ。俺が中3で、弟が中1のときに逆転して、弟が着られなくなった制服を俺が着ることに。「お上がり君」ってあだ名つけたの、リーダー（グレートマエカワ）じゃなかったかな。

――一緒に暮らしていれば、弟がぐんぐん成長してくるのが分かるわけですよね。逆転されたときの屈辱、ってありましたか。

鈴木　めちゃくちゃありましたよ。それによって、その先15年くらい、弟とは冷戦状態が続きましたからね。なぜ冷戦かというと、揉めても負けるから。そもそも僕、食が細くって、ご飯1杯も食べられなかった。給食だって時間中には全部食べられないからいっつも掃除の時間まで食べさせられていましたし。

――机を後ろに下げて掃除しているのに、机と机の間に挟まっていつまでも食べていたアレですか。

鈴木　アレです、アレです。そもそも、小学校の給食って1年から6年まで量が変わらないんです。おかしくないですか。小1からパンが2枚もあるんですよ。

――結果的に、給食をおかわりする奴のヒーロー感ってすごかったし、食べられない奴のダメダメ感もすごかったですよね。

鈴木　目の前で掃除してホコリが舞っている中でご飯を食べさせられるなんて、そりゃあ性格歪み始めますよ。ただし僕の場合は性格が明るかったもんだから、先生には絶対かわいがられたし、嫌われなかったけれど。

――そういうイイ子って、しゃしゃり出ている存在から目をつけられなかったですか。

鈴木　なかったですね。弁が立つので、喋ることが大好きだったし、当てられるのを待っているような生徒。そういう意味では暗い印象はなかったと思います。

――では、「背が低い」というコンプレックス自体は、あくまでも心の内に溜め込んでいたんですか。

鈴木　溜め込むというか、そういうキャラで行かざるをえなかったんですよね。これでしゃべらなかったら、チビで暗い奴、になっちゃうから。それに、学生時代には眼鏡をかけていて、当時の眼鏡って、黒ぶちの文豪みたいな眼鏡しかない。当然あだ名は「メガネザル」です。本当はみんな、メガネザルなんて見たことないくせに。

――自分は中学時代から背が高いんですが、背が高いって、基本的にはモテ要素ですよね。だから「イイよね」って言われることが多いんですけど、「背が高いけどモテない」というのは、ちっとも言い訳できないツラさがある。一方で、背が低いからモテない、というのは自分に言い訳ができますよね。

鈴木　ええ、僕、背が低いっていうのを全ての言い訳にしてきましたから。

――もし15センチ背が高かったら、ものすごくモテていたはずって、エッセイにも書かれていました。

鈴木　そんなの、未だに毎日思っていますよ。俺が180センチ超えていたら……まぁ、東京ドームやってんじゃないですか（笑）。ただ、バンドやり出すようになってから、背が低いっていうのを逆に利用できるようになってきた感じはありますね。背が低いからこそのかわいらしさを出せるようになる。背が高い人には着られないけど、俺が着たらかわいくなる服とかわざと着たりして。

――鈴木さんが初めて買ったレコードはアイアン・メイデンの『魔女の刻印』だと聞きました。メイデンのボーカリスト、ブルース・ディッキンソン、彼も背がとても低いですよね。メタルバンドの重鎮って押し並べて高齢化してきていて、ジューダス・プリーストのロブ・ハルフォードなんかは、ほとんどセンターから動かない。動きが鈍くなってきている。でもブルースは今でもそこらじゅう走りまわっています。フラワーカンパニーズもそうだと思うんですけど、激しい音楽って、ボーカルの背が低いほうがいいんでしょうか。

鈴木　僕もメタルから入っていますけど、メタルバンドのボーカリストってチビが多いんですよ。ラウドネスもそうだし、アースシェイカーもボーカリストが一番小さい。ＬＡメタルの人なんかも背が低い人が多いし、それこそロニー・ジェイムス・ディオだって小さかったでしょう。メタルバンドって声が高くなきゃいけない。背が低い、って、つまり成長が少し遅いんですよ。声変わりも遅くて、僕は高１くらいだった。だから中学時代には、ジューダス（・プリースト）が地声で歌えましたからね。メタルの歌い方ってミドルボイスと言って、裏声と地声をミックスさせるんですが、当時の僕にはその必要がなかった。

どんどんオクターブが上がっていくディープ・パープルの「チャイルド・イン・タイム」を地声で歌いきっていましたから。

――やはり、バンドを始めることで、背が低いことがはじめて肯定されたんですね。

鈴木　肯定されたといってもバンド内だけですけどね。バンド離れたらただのチビ。チビで眼鏡、これぱっかりはどうしようもない。

――以前、鈴木さんが、フラワーカンパニーズは「精神的なホモだ」と、語られていましたけど、このバンドが精神的なホモじゃなくて、バンド内のライバル関係がブツかり合って育まれてきたバンドだったとしたら、バンド内でも「背が低い」がコンプレックスのままだったのかもしれないですね。

鈴木　いや、ライバル心は昔も今もあるんですよ。リーダーが目立ったりしていると、「こいつより前に出てやる」って思いますから。

――毎回思うんですか（笑）。

鈴木　こないだも思いましたよ、このやろーって（笑）。こんなに長い間同じバンドにいても、その中で背が低いというコンプレックスが消えているわけじゃない。

――とはいえ、メンバーチェンジなしで四半世紀以上続けてきたってことは、どのバンドよりも「精神的ホモ感」が強いバンドだとは思うんですけれど、それでいて毎回コンプレックスを起動できるのってすごいですね。

鈴木　それは背が低いっていうより、ベースのキャラが濃いんですよ（笑）。飛び道具のように裸にオーバーオール、そして顔が濃い、眼力も強い。初めて見た人に「ベース凄いね」って言われると、いちいち「ん？　ボーカルじゃなくてベース？」ってイライラしている時期がありましたから。今はもう、さすがにそんなことはありませんけど。

――あと、猫背もコンプレックスだったとか。

鈴木　背が低いから本当は胸を張って少しでも堂々としていなければいけなかったんでしょうけどね。でも、ジョニー・ロットンを見てから、あっ、猫背でいいんだ、むしろパンクスは猫背がいいって思うようになりました。姿勢がいいとダブルの革ジャンって似合わない、着古した革ジャンを猫背で着る。猫背じゃないとバイク乗りになっちゃうから。

――「パンク」か「バイク」かは、猫背で決まる。

鈴木　わざと猫背にしたりしましたからね。ジョニー・ロットンは背が低くて猫背の代表格。自伝『STILL A PUNK』（ロッキング・オン）を読むと、幼少期はダサい眼鏡をかけて喘息持ちなんですよ。ついでに出っ歯、それなのに笑っている写真がある。あっ、これ、俺じゃん、って。

――コンプレックスの宝庫ですね。

鈴木　毒舌で性格がねじ曲がる、腕っ節では敵わない人ならではの生き方ですよ。『STILL A PUNK』は泣きながら読みましたね。

――たとえば青春期の「恋人がいないコンプレックス」って、やがて解消されていきますよね。でも背が低いって解消されることがない。このコンプレックスって、あらゆるコンプレックスの中でも根深いのかもと感じます。

鈴木　小学校の高学年くらいから中3くらいまでって、一番体の大きさが変わりますよね。僕は背が低いままだったから、キャラが変わらなかった。問題は、最初一番大きかったのに、徐々に抜かれていって、久々に会うと、えっ、こんなに小さかったのって奴。そういう人のコンプレックスのねじれ方はキツい。「多感な時期に抜かれちゃったチビ」問題。

――背が大きい時代に周りになにかと強気に出ていた場合、後々で微調整する必要が生じたでしょうね。

鈴木　今は背が低いコンプレックスを、体を鍛える方面でフォローしていくことができますけど、当時は、デカいか小さいかで全部決まってましたから。小さいと、小さいなりの振る舞いが身につくんです。先に行けと言われたら行く、みたいな。中学に入って不良文化が入ってくると、いじめっ子だった奴がいじめられっ子になったり、その逆も起きる。でも、背が小さいと、そこからも除外されるんですよ。

こう言ったら好感度下がるかもしれないけど、ずっと背が低いキャラで来たから、こうやったらかわいく思われるだろうってことを僕は熟知しているんですよ。こういうふうに言ったらこの人は落ちるなって分かる。弱音の吐き方も分かる。甘え方も分かっている。

これ、好感度下がっちゃうな（笑）。

――下がりますね（笑）。

鈴木　でもそれは意識的じゃなく本能的なんですよ。キャラ変更してそうなったのならば、それはテクニックですが、僕みたいにキャラ変更なしでそうなったら、それはもう体に染み付いているってこと。

なんたって中1で29キロです。「未熟児」って呼ばれましたからね。一方その頃、体がデカくなってきた弟の友達が、なんとなーく不良っぽくなってくる。……だって、シャツがズボンに入ってないんですよ。

――親みたいな指摘（笑）。不良願望ってなかったんですか。「音楽をやること」と「不良願望」が連結することは多いでしょうから。

鈴木　まったくなかったですね。むしろ拒絶反応です。『金八先生』などで荒れる中学校を見て、中学に上がりたくないなぁって思っていた。横浜銀蝿とかちっとも馴染めなかったし。最近ですよ、永ちゃん（矢沢永吉）がすごいって思えるようになったのは。

――パンクやメタルって、反体制ですよね。そこへのシンパシーはなかったんですか。

鈴木　不良と反体制は違っていて、反体制にはシンパシーがありましたよ。それは僕の中ではアナーキーとザ・スターリンの違い。アナーキーの反抗の仕方は共感できずに、ザ・スターリンのような、反抗しているんだかしていないんだか分からない歪んだ自滅が好きだったんですよ。尾崎豊とか、世間に対して文句言っている人には馴染めなかった。大人のことを責めるくらいだったら、もっとやることあるんじゃないかと。

——盗んだバイクで走り出す奴って、背の順でいうと、後ろのほうの奴らですよね。

鈴木　そうそう。で、後ろにいる奴って、大概、ガラの悪いお兄ちゃんがいる。

——ものすごい、おおざっぱな断定！

鈴木　兄貴から情報が入って、バイクも好きになる。結果、暴走族に流れる。キャロルを聴いて、リーゼントとなる。パンクスってね、弱いほうがイイ。だってほら、ジョニー、弱いでしょう。弱いくせに最後まで悪態つくっていう負けの美学がある。遠藤ミチロウさんが言ってたのは、お客さんを盛り上げるために当時のパンクって最前列のお客を殴っていた、と。でもミチロウさんは逆の発想で、むしろ自分が客席に突っ込んでいって、客に殴らせた。そうすると客は盛り上がる。顔を真っ赤にしてミチロウさんがステージに帰ってくる(笑)。歪んだマゾっ気が出てきて偏屈になる。でも自分は、背が低いこともあって、こういうやり方がいいって信じてやってきました。

体が小さくてそのコンプレックスを跳ね返そうとすると格闘技に行くと思うんです。体を鍛えようと思った時期も確かにありました。『がんばれ元気』(小学館)っていうボクシング漫画が好きで、ボクシングに憧れたこともあった。でも、あるとき、肉体を改造すると……なべやかんになる、と気づいたんですよ。同じように背が低いミュージシャン仲間と話していて、全く同じ意見だった。どんなにトレーニングしても最終的にやかんになるぞ、って。

——鈴木さんを諦めさせたという点で、なべやかんが音楽界にもたらした功績は大きいですね。やかんになりたくない、音楽やるしかない、って。

鈴木　あの頑張りよう、すっごく分かるんですよ。病的な頑張り。背が低いコンプレックスそのものです。

——誰のための筋肉か、まさに自分のための筋肉。舐められたくないための筋肉を、結果的に笑われている寂しさ。

鈴木　やかんは、僕に肉体改造させなかったストッパーです。ライブをよくするためとか、声を出すための肉体改造は今でもしますけど、「これ以上やるとやかんになるぞ」と、どこからか声がする。

——ところで、原稿などに「こんな小さな体からこんなパワフルな声が」って書かれるの、イヤなものですか。

鈴木　嬉しいですよ。それをイヤだって言う時期は過ぎましたね。一番嬉しいのは、「あんなに小さいのにこんなにでかい声が出る」っていうの。そこだけはずっと負けたくなかったので。

——無理矢理こじつけますが、「東京タワー」という曲に、「東京タワーみたいになりたいなぁ」という歌詞がありますが、やっぱりデカいものに憧れがあったんですか。

鈴木　そりゃありますよ、怪獣とかね。特撮好きだったのに、離れてプロレスにいく人いますけど、僕は今でもプロレスって好きじゃない。なんでかっていうと、巨大化しないじゃんっていう。

――あの時代、巨大化しとけばとりあえず満足でしたからね。

鈴木　憧れがあるんでしょうね。東京タワーの話ですけど、今は、スカイツリーがあるでしょう。そうすると、用なしの東京タワーをまた好きになりますよね。今、つらいだろうなって。

――つらいでしょうね、今。

鈴木　こないだ初めてスカイツリーを近くで見たんですけど、それまであまり感心してなかったんだけど、悪くないなって。そのとき、東京タワーにすまんって思いましたよね。

――ライブ中に「見えねーぞ」って言われることないですか。

鈴木　いやもう、自分から言いますから。「見える〜?」って。「見えない?　じゃあ、上げるわ」って、ビールケースを積む（笑）。だからやっぱり、分かっているんですよ、チビの利用法。柔道って、小さい者が大きい相手の力を利用する武道ですよね。やっぱり大きい者が小さい者に勝っても盛り上がらない。

――舞の海が曙を倒すと盛り上がるけど、曙がリングに突っ伏すとみんな爆笑するっていう。

鈴木　あと男性アイドルのみなさんは背が低くても関係なく人気が出たりしますよね。彼らが出てきたことによって、背が低いのが認められたんじゃないかと思っているんですよ。洋服屋に「XS」があるのは彼らのおかげでもあると思います。

——なべやかん、ロックンローラー、そしてアイドル、「背が低い」コンプレックスの解消法が選べるようになった。

鈴木　そうそう、まあとにかく、僕の場合は、ストッパー・なべやかんのおかげで今、音楽の道を続けてこられた。感謝です（笑）。

「背が低い」を長年嗜んできた鈴木さんは、低身長の利点も弱点も知り尽くしている。音楽雑誌のレビュー等で頻繁に見かけるもののイマイチ摑みきれない文言に「ロックンロールの身体性」という言葉があるが、鈴木さんはその言葉を直接的に音楽に染み渡らせてきたのだ。フラワーカンパニーズが作り出す音楽がいつも切実なのは、「ロックンロールの身体性」をものすんごいダイレクトに取り込み続けたことと無関係ではない。いまこうして目の前にあるフラワーカンパニーズの音楽は、もしも背が高かったら味わえないものだったのかもしれないのだ。

その3　ジャニーズと自衛隊と韓流アイドルとチビ

ジャニーズの面々がそれほど筋肉質でない事実は、大げさに言えば日本国にとって重要なことだと思う。そして、ジャニーズの中でも突出して筋肉を感じるＴＯＫＩＯが、その筋肉を、村で農作業に勤しむことに特化して使っているのも、日本国にとって重要なことだと思う。

今、好戦的すぎる姿勢が露呈されてきた為政者たちは、男たるもの肉体的にも強くなければいけないとどうやら心底思い込んでいる模様。この雰囲気が真っ先に女性に伝わってしまったのか、毎日新聞（２０１４年６月２日夕刊）には「結婚するなら自衛官」との記事がある。自衛隊限定の婚活パーティが定期的に開催されており、瞬く間に満員になるのだという。掲載されているコメントがなかなか腹立たしい。派遣社員の女性（30）は、「いろいろな職業を選択できるこのご時世に、国民を守ろうと思う人はあまりいない。人を大切にする思いにあこがれて来ました」。自衛隊一等陸佐の小林勇夫本部長は「女性比率が５％だけで、男性にとって出会いが少ないのが自衛隊。国民の生命と財産を守るために、結婚して心の支えを持つことは大きい」とトンチンカンなことを言う。

男と女の役割分担についての考え方が数世紀遅れているように思えるが、彼らからしてみれば「遅れている」ではなく「守り抜いている」ということになるのだろう。なにせ、この自衛隊員との結婚を「J婚」と呼ぶ動きも出てきているようで、あとはここに、夜10時に消灯するように指示され家に持ち帰って仕事に励んでいる広告代理店の手が加われば、「街コン」のように広がっていくのではないか。

男性に向かう「J」といえば、ジャニーズの「J」と相場は決まっていたはずで、これを堂々と踏んづけてくる「自衛隊」の「J」が人気を博しているというわけだ。国を守る強い男は、それなりの身長がなければならない。自衛官になるためには身長の基準が設けられている。「平成26年度　予備自衛官要項（一般公募）」を読むと、「155センチ以上のもの」と定められている。爆笑問題の田中裕二（154センチ）は応募すらできないし、ナインティナインの岡村隆史（156センチ）は、少し猫背で計測機に乗ってしまえば応募資格を剝奪される。信憑性のある正確な数値が見当たらないが、156センチと言われているL'Arc～en～Cielのhydeも、岡村同様に応募できるかどうかのボーダーラインだ。

チビは国を守ってはいけないのである。チビに守ってもらっちゃ困るのである。でっかくなってから守れよ、と通告されているのだ。155センチ以上との条件の他に、胸囲と体重について「身長と均衡を保っているもの」という条件もあり、たとえば男子155～

158センチの間の場合、「胸囲は77センチ以上」「体重は47キロ以上」とある。身長をクリアしていても、ガリガリすぎたら自衛隊には入れないのだ。たとえば有事の際に、細くて俊敏なチビにしかできないことは多々あると思うのだが、自衛隊はそんなことを考えてはくれない。それゆえ、「J婚活」には「正しい」体型しかやって来ない。スマホアプリで加工した写真を貼り付けて応募してくる可能性が皆無なのだ。収入も安定、体型も安定、申し分なしだ。

一部の男性グループの隆盛を除けば下火になったように思われる韓流ブームだが、男性にしても女性にしても、セクシャリティを力強く開陳してきた。女性アイドル・KARAは後ろを向いてお尻を振りながらデビューしてきたし、少女時代は「うんうん、もう分かったよ」と言いたくなるほどに、ひたすら美脚を推してくる状態が続いた。一方の男性アイドルが打ち出したのは、裸にジャケットをまとい、時折はだけさせる筋骨隆々。それを上野千鶴子は「国防の肉体」（北原みのり『さよなら、韓流』河出書房新社）と言ってのけた。19歳〜29歳の間に約2年間の兵役義務がある韓国は、否でも応でも体が絞られていく。体型が均質化すれば、それを男らしさとして連結させていくのは自然の流れなのだろうし、その単一的な引き締まった体から差異を見出し、より鍛え上げられた造形を愛でていくとの働きかけも理解できる。そのとき、よりよい筋肉と同時に少しでも高い身長が秀《ひい》でるためのチェックポイントになる。

日本のアイドル「J」は自衛隊「J」のようである必要はない。腹筋が6つに割れている必要はないし、背が高い必要もない。とある取材で韓国メディアの記者と一緒になったのだが、記者の彼が嘆くには、韓国では日本ほど小説家が育つことがない、なぜ日本ではこんなにもコンスタントに小説家が出てくるのか不思議でならない、と。そもそもの出版文化の歴史も土壌も違うのだから比較するのが難しいけれど、日本が身体的なコンプレックスを育ませやすい土壌だから、という理由もあるのではないか。韓国のように、身体の造りが均質的に整う機会を持たない日本人。しかも個体差は見本市のように校庭に並べられる。チビ、ガリ、デブ、を察知した個人は、自分はこっちの道かなと、身体を使わない別の選択肢を早期に探し当てるのだ。背が低い。ならば、押し寄せるコンプレックスを発散させる方法を考える。ただ立っているだけでは褒めてはくれないし、一律で軍隊に行ってコンプレックスをうやむやにすることもできない。

2009年のデータだが、medibaによる「身長と年収・幸福度に関する調査」(男女2000人対象)では「160cm以上の男性より160cm未満の男性のほうが、『幸福』と感じている人の割合が高い傾向にある」という結果と同時に「男性の身長と年収は比例の関係にある」との結果が出た。そのまま整理すると、背が高いほうが年収は高いけど、背が低いほうが幸福だと感じている、という驚きの調査結果なのだ。そのまま受け止めるだけではなくいくらかの要素を足してみると、背が高い男は年収が高いけど自分のことを不幸だと思っていてそれを解決することができずにいる。一方、背が低い男は年収が低いけれど自分のことを幸せだと思うための手段を持つことができている、ということになる。

自分の背が１８０センチを超えているものだから、こう書くといやらしく聞こえるかもしれないが、背が高い人というのは、何もしなくてもその場にふさわしい存在に見えるものなのだ。たくさんの人がいる中に立っているだけで何か意味を持っているようにも思える。しかし、背が低い人はそうではない。それじゃあと話術を身につけるかもしれないし、芸術方面で秀でる道を探るかもしれないし、体の小ささを俊敏さという利点に切り替えるかもしれない。ジャニーズの皆々は、ひとつの共同体として、どちらも完璧ではない。だからこそハングリーな物語が、いつでも／いくらでも起動できるようになっている。ジャニーズの面々は、顔の造形は押し並べて整っていてもマッチョな迫力は漂ってこない。ＴＯＫＩＯはマッチョを農作業に向けている。男性性を突出させないからこそ、全体を仲間っぽく見せることができる。性を越境するからにはできうる限り完璧な性を描き出そうとする宝塚は、男役をやるためには最低１６０センチを超えなければならないという基準を設けている（諸説あり）。自衛隊より5センチ高い。「男」であることと身長はこのように密接しており、それに届かない男たちは、早々に自分なりの選択肢を探し始めるのだ。結果として、世の中には、背が高かったら生まれていなかった表現が満ち溢れているのだ。

第 10 回

ハゲ

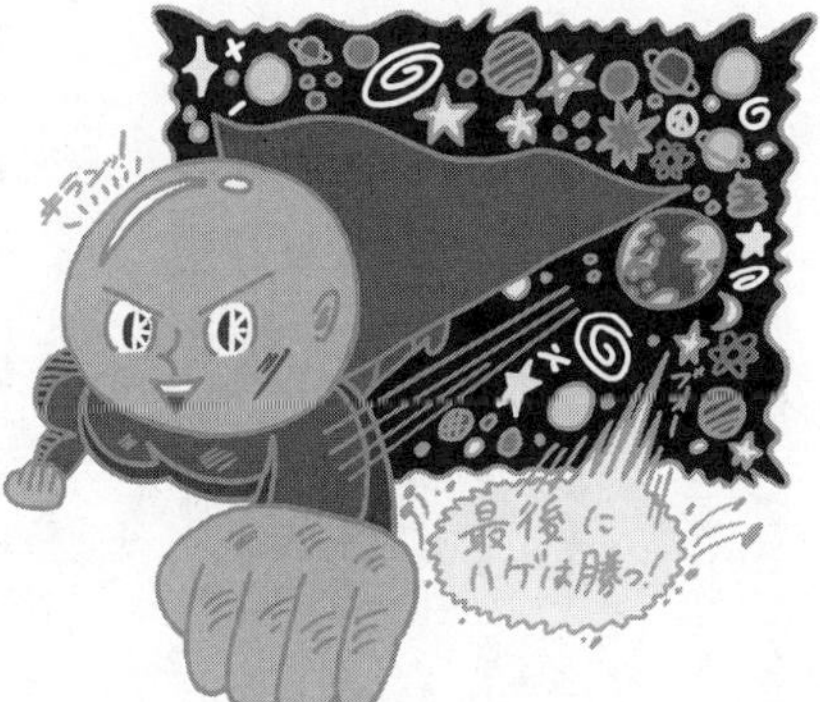

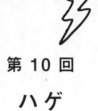

その1　ありのままの姿見せるのよ

ありのままの姿を見せることへの躊躇、決断、鍛錬を繰り返してきたのはアナとエルサではない。未見ゆえに映画の詳細を知らないのだが、「少しも寒くないわ」だなんて付け焼刃的に言うものではない。ありのままの姿を見せるハゲへの無理解が露呈している。失礼極まりない。以前取材した、自分のハゲをコンプレックスとして抱え続けてきたアーティストは「髪の毛フサフサの皆さんはヘルメットを被っているようなものです。僕らはモノも風も直接当たります。守っているものが少ないんです」と断言していた。「少しも寒くないわ」とは言えない。ただただ寒いのだ。

ハゲというのは前項のチビに似て、コンプレックスの中でも茶化してしまって構わないとされる部類に属する。広いおでこをパチンと叩くだけで笑いに繋がるというインスタント感は、限られた時間で結果を残さなければいけないバラエティ番組の安全パイとして重宝され続けている。加藤茶がわざわざハゲヅラをかぶり、叩かれ、笑われる、という仕組みはどれほどの年月を経てもお約束のままだ。「困った時の〝髪〟頼み」とばかりに、髪の毛の薄い芸人はジェットコースターに乗せられるし、水泳帽を被らずに海を泳がされたりしている。トレンディエンジェル斎藤司のルックスへの賛辞は常に「ハゲなのに」が前置きされている。

少しでも食べ物を粗末に扱えば、たちまちクレーム電話が殺到する昨今だというのに、これほど露骨なハゲ蔑視は放っておかれる。ドッキリで落とし穴を作れば「打ちどころが悪かったらどうすんだ」となるし、デブやブスを小馬鹿にすれば「イジメを助長します」と言われてしまう。でも、なぜかハゲはフリー素材だ。「デブ散らかしている」「チビ散らかしている」という言葉を聞かないが、「ハゲ散らかしている」という言葉はある。なんと非道な言葉だろうか。スナック菓子を食べまくった結果、太った。この主体性には「デブ散らかしている」との言葉が似合うが、「ハゲ散らかしている」って、個人の意識とは全く離れた動きを、あたかも個人の働きかけだと責め立てられているのだ。しかも、「おまえの母ちゃんデベソ」などには少なからず残っている悪ふざけ感がまったくない。

坂口安吾が『堕落論』を発表したのは、日本が敗戦コンプレックスに打ちひしがれている最中の1946年のこと。(だいぶ端折るけれど)戦争に負けたがゆえに堕ちたのではなくて、人間だから堕ちるのだ、生きているからこそ堕ちるのだ、そして救いはそこから生まれると、坂口は書いた。題材や重みは違えども(いや、重みの違いを外から判別すべきではないのだが）、これまで扱ってきたコンプレックスは坂口が「敗戦」に投じた視座に代替できる。つまり、コンプレックスは様々な言い訳に使われるけれど、そんなものは表層的であって、そもそも人間は生きていさえすれば、堕ちることもあるが、救われもするのだから、そんなものにとらわれてはいけないと。恣意《しい》的にまとめたからなのだが、坂口、なんだか偉そう。

そんな坂口が自分のハゲに異様なコンプレックスを持っていたことを知れば、途端に親しみが湧くのではないか。「無毛談　横山泰三にさゝぐ」という文章がある。政治風刺漫画家として知られた横山泰三に向けたエッセイで、自分のハゲの悩みを吐露しながら横山のハゲを励ますという、堕落を解析した作家とは思えない、ブログ文体のようなポップさだ。こんな感じ。

「若年にしてハゲると、オヤ、ハゲましたネ、と誰しも一度は言うものである。百人の知人があれば、百ぺん言われるもので、もう、バカ云え、とは言うわけに行かない。非常に卑屈になるもので、ニヤニヤするのもミジメであるし、ウム、ハゲタ、見事にハゲました、と云って肩をそびやかすのは、なお悲しい。要するに、どんな応対の仕様もない。どうやってみてもミジメで哀れであるから、いっそ怒るのが一番立派のようであるが、ハゲましたネ、と云われたるカドにより怒って絶交するというのも、あさましい話である。

男の方はまだいゝのだが、アラ、おハゲになってるわネ、などゝ女の子に言われるのは、

五臓六腑に、ひゞく」(「無毛談　横山泰三にさゝぐ」(『坂口安吾全集06』筑摩書房))

文学者としての気品が、ハゲについての弁明となった途端にすうっと消えてしまう。女性から先に言われるのが嫌だから、坂口は挨拶がわりに「キミ、キミ、僕はもうハゲました。ホラ、この通り」と先に言うんです、とも吐露している。キャバクラでお店の女の子に薄毛をアピールして絡んでいく中年サラリーマンの悲哀そのものではないか。

漫画家の横山はいわゆるオデコから毛が抜けていくタイプだったが、坂口は後頭部が禿げるタイプ。コラムニストの神足裕司が様々なハゲの文化人とハゲを語り合った編著書『誇大毛想』(扶桑社)によれば、ハゲには、前からくるM型、テッペンからくるO型(ザビエル型)、全体が同時に薄くなっていく掛布(雅之)さん型に分かれるという。この区分けに乗っかれば、横山はM型、坂口はO型である。坂口はこのMとOの違いについて「(横山は)額からハゲあがっている。この方はハゲ型としては上乗の方で、いくらか瞑想的情緒すらあるのだけれども、本人の目に見える弱点があり、漫画家の観察眼には、自尊心の許さぬところがあるのかも知れない。私のハゲは脳天、マンナカから薄く徐々に円形をひろげるという見た目にカンバシカラヌ最下級品であるけれども、本人の目には見えないという強味がある」と分析している。M型には瞑想的情緒があり、O型には目に入らずに済む強味があると必死に肯定していく。その必死さが、コンプレックスの濃さを窺わせる。

連載開始から100年後の2014年、改めて朝日新聞で掲載された「こころ」をはじめとして夏目漱石の読み直し企画が続いたが、旧千円札の肖像を思い起こせば分かるように、彼は髪の毛に悩みを持った形跡はなさそうだ。「こころ」の中では、恋をすることの意味を先生が私に「君、黒い長い髪で縛られた時の心持を知っていますか」とインテリジエンスに投げかけたりしているけれど、満州を旅した随筆『満韓ところどころ』では、かつての旧友・佐藤をこう書く。文学者のハゲへの突っ込みは、相手の人格をなぎ倒す勢いである。筆力があるだけに人格をズタボロにする。
「佐藤はその頃頭に毛の乏《とぼし》い男であった。無論老朽した禿《はげ》ではないのだが、まあ土質《どしつ》の悪い草原のように、一面に青々とは茂らなかったのである。漢語でいうと短髪種《たんぱつしょう》々とでも形容したら好いのかも知れない。風が吹けば毛の方で一本一本に靡《なび》く傾があった。この頭は予備門へ這入っても黒くならなかった。それで皆《みんな》して佐藤の事を寒雀《かんすずめ》寒雀と囃《はや》していた。当時余は寒雀とはどんなものか知らなかった。けれども佐藤の頭のようなものが寒雀なんだろうと思って、いっしょになってやっぱり寒雀寒雀と調戯《からか》った」（夏目漱石『満韓ところどころ』）
なかなかどうして酷い話である。寒雀の姿をよく知らないんだけど、佐藤がそう言われてんなら、あの頭が寒雀なんだろうと思ったんだよ。恋を「黒い長い髪」に象徴させていた夏目は、人様のハゲを雀扱いしていたわけである。

こうして坂口安吾と夏目漱石についてハゲを軸足に比べてみると、むしろ「こころ」があるのは坂口で、「堕落」しているのは夏目じゃないかという気がしてくる。ハゲは、あらゆる恣意的な攻撃を、いやでも、実際ハゲじゃん、じゃあ受け入れなきゃダメじゃんハゲを、と押し付けられてきた。コンプレックスにも様々な種類がある。解消できるものもあれば、忘却できるものもある。何より他人から「そんなのコンプレックスじゃないよ」と言われ、確かに立ち直っていけるものがある。でも、ハゲは逃れられない。逃れられないのに、どんなコンプレックスより平然と背負わされる。人間の在り方を慎重に問う仕事であるはずの文学者が、素直に嘆き、素直に罵《ののし》る。「ありのままの姿」を見せるだけでここまで揺れ動くコンプレックスは他にはないのだし、それは、様々な創作の動機や背景として見え隠れしてきたに違いない。

ハゲを背負ってきた人と対話を重ねていく。話は思わぬ方向に広がっていった。

その2 臨床心理士・矢幡洋インタビュー

「カツラは私のツール。人様の商売道具にケチつけるな」

「コンプライアンス」なんて言葉にがんじがらめになり、テレビから自由闊達な企画や議論がすっかり低減している気がするが、闇雲な差別感情が垂れ流されることに慎重になっているならば、そのこと自体は歓迎すべきだ。でも、そんな中にあっても、「ハゲ」は自由気ままに放置されている。

ハゲは笑っちゃえ、という風土は根強い。明石家さんまのテレビ番組でカツラを脱いで話題となった臨床心理士が、ハゲというコンプレックスといかにして向き合ってきたのかを語る。そして最後まで分かり合えなかった父親との葛藤、アイドル志望活動に励む自閉症の愛娘への想い、「ハゲ」の周辺に満ちている愛情や執念や怨念を存分に聞いた。

矢《や》幡洋《はたよう》 profile

1958年東京都生まれ。京都大学文学部心理学科を卒業後、精神病院での心理臨床業務を経て、企業付属研究所にてストレスマネジメントの研究に従事。その後独立し、カウンセリングルーム矢幡心理教育研究所を開設。メディア出演や、著述活動も行い、犯罪事件・芸能事件・社会現象のテレビコメンテーターも務める。一方で、長女が自閉症と診断され、子育てにも奮闘。言語学・社会学・脳科学から新しい自閉症療育を求め、2015年東京大学大学院情報学府修士に入学、2017年に学際情報修士を取得。臨床心理士としての活動と同時に、自閉症療育を研究している。長女の成長を描き、講談社ノンフィクション賞最終候補にも選ばれた『数字と踊るエリ　娘の自閉症をこえて』や、『病み上がりの夜空に』（共に講談社）ほか著書多数。

――こんな企画でのインタビュー、恐縮です。
矢幡　いえ、構いません。ネタですから。
――先日放送されたフジテレビ『NONFIX』「貧乏心理学者の幸福論　ギリギリ家族の生きる道」も拝見しました。奥様に叱られるシーンなどもありましたが……。
矢幡　あの番組では、話を盛るために事実と異なるナレーションがいくつも加えられていました。ナレーションで語られていた多くのことが事実ではありません。ぶっちゃけたことを言うと家内は家計の問題などでナーバスになっていて、番組の撮影の前後、家内が興奮したため僕は何度か警察を呼ばざるを得ませんでした。ただ、長女の子育てが大変すぎて、家内が体調を崩していた年月が長かったため、僕の立場からは、「経済的にこんなに困窮することになったのは、君の体調のことも大きいんじゃないの」という気持ちもあり、家計のことを一方的に非難されるのは受け入れられませんでしたね。映していた側は全てを知っていたのに、娘のアイドル志望活動に散財する私が怒られているかのように伝えられた。とんでもない話です。
――それは放送された内容と真逆ですね。娘さんの活動を支援している旦那さんを見て「いつまで青春してんのよ！」と怒鳴りかかったシーンが焼き付いています。
矢幡　子どもが自閉症ということもあり、僕は家にへばりつき、家で執筆し、時々のテレビ出演に絞らざるを得ない状態で、お金の入りそのものが少なかったんです。寝たり起きたりの家内がいることもあり、仕事もほとんど選べず、なるだけ家に待機していられる活動を選んでいるうちに貧乏になりました。そこら辺を説明せずに「無駄金を使ってなくなりました」みたいな話になっていた。

――今日は「ハゲ」というテーマでお聞きするのですが、矢幡さん自身、学生時代、どういったコンプレックスが強かったですか。

矢幡　ぶっちゃけるとEDの問題です。中高生ですから具体的な経験はないんですが「俺はこの先も、セックスが一切できないんじゃないだろうか」との不安が強くありました。半端ないプレッシャーでしたね。

――中学生男子って、ほとんどそういう話しかしない時期がありますね。「お前どうなんだよ？　ムケてんのかよ？　勃ってんのかよ？」みたいな。

矢幡　僕は、生まれてからそういう話を一度もしたことがありません。そういう話をしそうな奴とは付き合ってこなかったのでしょう。高校1年生くらいまでクリスチャンだったこともあり、マスターベーションは罪悪だと思っていました。しちゃいけないと抑えようとする気持ちと、ある年齢に達したら我慢ができなくてやっちゃう、という葛藤。こんな葛藤を繰り返しているようでは、大人になったらまともにセックスできないのではないか、との強烈な不安がずっとありました。

――そのプレッシャーを忘れさせるように熱中したことはありましたか。

矢幡　……勉強でしょうね。学問に身を捧げるんだから、下半身のほうはいいんだ、みたいな。ひとつの原動力にはなったはず。なので、自分にとってのコンプレックスは、ハゲの前に性的コンプレックスなんです。ハゲ始めたのは20歳の頃からです。

――いつからカツラを被り始めたのですか。

矢幡　親が大学院受験に賛成してくれず、逃げるように沖縄の精神病院に就職したんです。そのときに、これだけ遠く離れた、誰も知らないところに行くならば、後退しまくっている髪が突然フサフサになっていても、周りは誰も分からないだろうと思ったんです。

――「よく抜けるな」「ハゲてきたな」と自覚した瞬間があったんですか。

矢幡　大学に入った頃から「毎年後退していく」との意識はありました。だからといって対策を講じるのは面倒臭い。髪が後退したひとつの原因に、抜けたところをいじる癖があったんです。とにかくいじりまくって、自分の傷をさらに刺激してしまう。

――初期段階で何か対策を、という気持ちはなかったですか。育毛剤をつけるなど対策方法もあったかと思いますが。

矢幡　それもコンプレックスに通じますが、自分のルックスなんてどうでもいいんです。鏡なんて見ません。頭髪があったときも、髪に櫛を入れたことなんてなかった。セットもしたこともない。とにかく面倒臭い。

――ならばなぜ被ってみようと思ったのでしょう。被ることこそ面倒臭いのではないかと。

矢幡　はい、面倒臭いんです。でも、さすがにこの年齢でここまで後退したらカッコ悪いと思ったことは思いましたね。その程度に気にしていたのは確かです。100%どうでもいいのかっていうと、そこまでは割り切れない。マメにケアするより被ってしまえ、という感じ。

――被り始めて、コンプレックスは解消されましたか。

矢幡　新しい自分になった気持ちはなかったですね。みっともない部分をカバーした、くらいで。

――カツラや増毛の広告では、被ることでたくましくなったとかモテるようになったとか、カツラや増毛を+αの要素として伝えてきますが、つけることによって何か解消されたことはありましたか。

矢幡　ないです。それ以上に、お手入れのほうが面倒臭かったという。カツラなんて何年も前に買って一度も洗ってないですし、両面テープでつけている状態。両面テープも、もう2、3年変えていないんじゃないかな。ちょっとくっついていればいいくらいの感じで放ったらかしにしている。

――さんまさんの番組でカツラだと明かそうと思われたきっかけはありますか。

矢幡　ないですね。さんまさんの番組（『明石家さんまのコンプレッくすっ杯』）の制作サイドがそういう展開を期待してきたんです。基本、テレビに出演する際は極力求められているることにお応えしようと思っています。お金を出してもらうからには、番組の視聴率を上げるために協力することしか考えていない。番組の打ち合わせで「薄毛チームが決勝まででいったら、カツラをとってくれませんか？」と言われたんですが、長女が高校1年生になったばかりで、もしも高2、高3だったら、高校生活も残り少ないので考えられたかもしれない、と答えました。高校で娘がからかわれたりしたら困りますから。で、当日の台本を見たら、自分がカツラをとるかのように書かれていたんです。

——ダメじゃないですか。

矢幡　はい、ハメられたんです。で、当日、決勝まで残っちゃったんです。「前々からとらないって言ってましたよね」と、このときばかりは協力する気がなかったんですけど、展開からして、貧乏チームがどう見ても優勢、これはバラエティ番組としては薄毛チームが起死回生の勝負に出たという展開にしないと盛り上がらないなと。

——どうして考え方がプロデューサー側なんですか（笑）。

矢幡　なんかちょっと本能的なものがあるんです。自分がこの場にいる以上、視聴率を稼ぐための責任の一端を担っているとなれば、一歩前に出て、やらんでもいいことをやってしまう性格なんです。よし、盛り上げちゃえと、カツラをとりました。

——しかし、端から見ると、娘さんのことと番組の面白さを天秤にかけたときに、番組の面白さを優先した。「ひどい！」と言われる可能性も高いですね。
矢幡　もちろんそうです。娘には「お父さん、テレビでカツラとっちゃったから、友達に『あれ、あんたの親父？』って聞かれたら『知らない人』って言っておけよ」と言ったんですけど、「ハハハ」って笑っていました。友達からも何も言われなかったみたいです。
――テレビって「ハゲ」が好きですよね。どうして皆、「ハゲ」を面白がるのでしょう。
矢幡　分からないですね。身体差別の中で「ハゲ」だけが許されてるからでしょうか。日本文化の中で、「チビ」も「デブ」もちょっと言いにくくなっている。「ブス」なんて言ったらヤバい。でも「ハゲ」だけはみんな安心して言えるから、差別パワーが「ハゲ」に集中しているんじゃないですかね。特にカツラの場合、人が隠そうとしているものをはぎ取る快感、そういうサディズムをくすぐる要素があるのでしょう。本当は病気で頭髪が抜けちゃう方もいるし、もっとデリカシーを持って対応しなければいけない。放射線治療で髪が抜けて、という場合もあるわけですから。
――ストレスで円形脱毛症になる方もいらっしゃいますし。
矢幡　ですから、かなり問題があるんですけど、僕は悲観的です。この世から差別感情がなくなるとは思っていない。何らかの形で再生産されていくだろうと。差別が正当化され、特定の人たちが不利になるような社会制度にならないようにするしかありません。差別する、相手を嘲笑したいという気持ちは、人間のかなり根本的なところにあります。その比較的安全な矛先が、身体的欠陥では「ハゲ」しか残っていない。

――女性芸人の中には太っている人が多く、彼女たちが男性芸人にお腹の肉をもまれて笑いをとるシーンがあります。それによって、一般人で太っている女性までそういった目に遭う可能性が増えているとしたら問題です。ハゲでも同じようなことが言えませんか。

矢幡　ああ……でも、何の連帯感もないんです。こんなどうでもいいことを面白がっている人たちって何なんだろうと不思議でしょうがないって感じですね。

――気にしてる方に対しても、「なんでそんなに気にしてるの？」って思いますか？

矢幡　関心ないですね。人が気にしていようといまいと、関心ない。「若ハゲで悩んでます」と言われても、何の共感も湧きません。「あっ、そう」くらいで。

――じゃあたとえば、「矢幡さんがテレビであんなに面白おかしくやるから、私も会社の同僚に頭をいじられ始めて困ってます！」と言われたらどうでしょうか。

矢幡　「うるせぇ、あれはネタなんだ」と。自分がテレビ業界で生き残るための、私のツールであり、商売道具だと。人様の商売道具にケチつけるな、と、そう言うしかない。同朋意識も共感もありません。

――奥様とお付き合いされている頃から、結婚後しばらくは、カツラだということを隠していたそうですね。一緒に暮らしていて、どのように隠していたのですか。

矢幡　ひとりでお風呂に入り、こっそり外して頭髪をこっそり洗うとか。妻はあまり私を疑わないので、バレそうなタイミングはなかったですね。

──「俺、実は……」っていうタイミングはいつだったんですか。

矢幡　今告白しても大丈夫だろうというようなときを見計らって言いましたね。そこはちょっと格好つけました。

──格好つけた？

矢幡　当時勤めていた精神病院での話なのですが、富村順一という男が病院に乗り込んできました。東京タワーに登り、天皇に「戦争責任をとれ」などと言った「東京タワー事件」を起こして逮捕、その後、左翼の著作活動をしばらくやっていた。その富村が、私が働いていた精神病院の病院長と知り合いでした。病院長が病的なナルシストで、職員は組合を作りました。東京タワー事件を起こして以降、左翼活動家だと見なされていた富村は、その頃完全に政治ゴロになっていた。色々なところのスキャンダルに飛びついては金をゆする。で、その男を病院長が組合対策に使ったのです。

我々はその頃5人くらい解雇されてしまい、弁護士からの指導として「『解雇を認めん』と言って、病院まで毎日行って適当に追い返されておきなさい。ただ意思表示は続けなさい」と言われ、その通りにやっていたのですが、僕たちが地区の組合事務所に集っていたときに富村が石などを持って、患者を10人くらい先導して襲撃してきたんです。それで彼はその場にいた組合書記長を殴って逮捕された。そのときばかりは本当に怖かった。で、そのときに「髪が抜けたんだ」と妻に伝えました。

――奥様の反応は、思っていた通りでしたか。

矢幡　はい。これは名誉の負傷なんだよと。毎日水様便を垂らして、それでも僕は逃げなかった、髪の毛を触ればボロボロ抜け落ちていったね……と。ウソなんですけど。ヒーロー物語にして伝えたら、ちょっと尊敬してくれた（笑）。

――容姿に無頓着なのは、親からの影響もあるのですか。

矢幡　父親がとにかくオシャレな人でした。明治生命の専務までいった人で、実業界で成功した父へのコンプレックスがあったのかもしれない。自分の部屋から出るときは、必ずガウンを着ているような、崩した格好を家族にさえ見せたことがない人でした。

晩年、頭髪のこともかなり言われました。「この前、テレビで見たけど、あれじゃお前バレバレだ。金をやるから変えろ」と。お金を貰って他のことに使いましたけどね。そんな父は、小柄で、コンプレックスの塊でした。貧弱な体型だったんです。僕が聞いた、父の会社でのあだ名のひとつは「着飾った猿」。

――最低の評価じゃないですか。

矢幡　父を嫌いな人から見ればですけどね。アンチとファンがはっきり分かれるタイプだった。僕は親から「なんで俺からこんな息子が？」と嘆かれるような身なりに無頓着な生活を送っているうちに、頭髪が見事にこうなった。もしかしたら、寸分もスキがない父親に対抗する気持ちもあって、自分は身なりなんて構わない、という選択をしたのかもしれない。

高校時代、僕の中で父親に対する評価が180度ひっくり返る出来事がありました。「そんなことは、やたらと会話の中に世界文学やクラシック音楽の作品名を出すんです。父を知っているなんてすごい父親だ」と尊敬して、少しでも追いつこうと世界文学やクラシック音楽に浸っていたんです。自分に知識がついた上で、父親に聞いてみるとそれが全てハッタリだったんです。あの時代の一種の教養主義といいますか……。

――一度も開いたことのない文学全集を本棚に揃えておくような。

矢幡　文学全集もうちにありましたね。会話の中にドイツ哲学者の名前を出したり。それ以来、自分の中で父親が失墜しちゃった。父親に屈するわけにはいかないという思いが強くなった。父親の思い通りになってたまるかという気持ちで、誰にも言わずに沖縄に船で渡り、何ヶ月か経ってから「実は沖縄にいます」と連絡をしました。

――カツラを被りはじめた頃は色々なタイミングが重なったんですね。

矢幡　父親は数年前に亡くなりましたが、最後まで、自分の生き方とアンチの道をいきやがって、と思っていたみたいです。加えて、そこそこ成果もあげやがったと。3人兄妹で僕が長男なんですが、僕ひとりだけ遺産の法定遺留分を大幅に下回っていたんです。

（……延々と遺産相続の話が続く）

相続が桁違いに多かった妹と揉め、最終的には「それで結構です。その代わり、父の位牌と遺影をこちらに渡しなさい」と言った。これが僕の復讐だったんです。父の遺影をハンマーで叩き壊すつもりです。

――ハゲに話を戻すと、「被る」のではなく、「剃る」の選択はなかったんですか。

矢幡　剃ることは考えなかったですね。ここらへんで止まってくれないかなという気持ちはあったけれど……。

――それこそ、渡辺謙さんとか、ブルース・ウィリスとか、ハゲていても格好いいとされる人がいるじゃないですか。その考えに基づいたモテるオヤジ雑誌を見ると、ハゲててもいい、という風潮があるにはあります。

矢幡　答えがないくらい、考えたことがないですね。

――テレビに出られたり、本を出されて賞の候補になったりすると、「すごーい」と言ってくれる人たちが絶対にいますよね。ちやほやされるというか。それによって自己否定が薄まったりすることはないんですか。

矢幡　そういう場からは逃げます。面と向かって言われるのは苦手です。根本的に自己評価が低いところがあって、マシーンとしては頑張りたいんですよ。本も書きたい、論文も書きたい。ただそれは、マシーンとしての自分です。

――でもたとえば、書籍化するための原稿をひとまず書き上げて、あとで直そうとしたときに、どうすれば読者に楽しんでもらえるだろうかと考えながら推敲していくわけですよね。そのときに、「先生、この本よかった」と思ってもらいたいはずですが、自分と本が分離しているんですか。

矢幡　分離しています。自分が褒められるのはこそばゆいけど、生産物が「いいのができましたね」と言われるのは嬉しい。

――でも言うほうは、生産物と本人をリンクさせて考えますよね。

矢幡　かもしれませんが、僕の中では違います。むちゃくちゃ生産したい、でも、その卵を産んでいるニワトリのほうはどうでもいい。ここも父親とは違うところです。こう考えると、父親へのコンプレックスがあったからこそ、髪の毛をなくしつつ、ここまで頑張れたのかもしれないと思えてきます。

父親へのコンプレックス、一方で、父親が持っていた矢幡さんへのコンプレックス。その衝突が遺産相続の段階で最終的に表出した話はなかなか生々しい。詳細を書くことは控えるけれど、父と子がそれぞれ抱えるコンプレックスが一切の折り合いをみせずに増幅していった結果、とも思える。キチンとした身なりを求める父親への反旗を具現化させたのが、ハゲやカツラを隠さない姿勢だったのである。

その3 ハゲまされている場合か

日頃から色々とメモをとっているのだが、初出を記し忘れてしまい、どういう意図で記されたか分からないメモ書きが残ってしまう。「加賀まりこは『CHAGEって、Cをとれば HAGEじゃないの』と発言したことがある」というメモの意味が分からない。ある日テレビをつけると、佐野元春がホスト役を務めたNHKの番組『佐野元春のザ・ソングライターズ』が再放送されており、ゲストの星野源が「ハゲ」について触れながら自身の創作について語り始めた。

佐野は、星野の詞について、日常を歌にすることが多いと指摘、星野自身は、世界がどうのこうのと考えてみても曲なんてできない、無理なんです、ついつい日常になってしまうんです、と吐露する。星野の曲に「茶碗」という歌があり、老夫婦の朗らかな愛情を描き、「禿げた君の髪を　そっと櫛で梳かそう」と禿げてきてしまった妻の髪を旦那がとかす描写が出てくる。佐野が「どうして老人の曲が多いの？」と問うと星野は「ラブソングを書くのが恥ずかしい、でも老人なら自分とは別のものとして書けるから」と答えた。サブカル界に両足を突っ込み、その後で片足を残したまま、もう片足ですっかり茶の間のスターとなった星野は、自分とは別のものとする象徴に「ハゲ」を使う。

星野は、既存のハゲ観をただただなぞり、自分が恥ずかしくならない距離を保つためにハゲを使った、ということになる。このようにハゲは、ハゲてない人にはどこまでも便利に使える。「（今のところ）ハゲていない」とは言えるが「（今のところ）ブスではない」とは言いにくい。ナイーブな心持ちを掬《すく》いとってきた星野ですら、男のハゲだとコミックソングになっちゃう、と普通に前置きしてしまうのだった。世の空気と自説を整合させたり、或いはずらしたりする力のある星野が、ハゲを素直に扱っているのはなかなか重い事実である。

だからこそ、ハゲはハゲを自己肯定するしか手段がなくなる。メディアに登場するハゲが積極的にハゲで笑いをとろうとするのは、ハゲを使って攻めない限り、ハゲを乱暴に処理されてしまうからなのだ。その姿勢は矢幡洋へのインタビューでも分かってもらえたはず。結果的にメディアに出てくるハゲは、総じてポジティブ。「どうです、このハゲ。さぁ笑ってくださいよ！」という態度を決め込んでいる。

この「ポジティブハゲ」を問題視するのが、須長史生『ハゲを生きる　外見と男らしさの社会学』（勁草書房）だ。3つの問題点を挙げている。「①仕事や趣味などのハゲ以外の領域で自分を誇れる男性と、それ以外の男性を分けてしまい、結果的に後者に一層の厳しい状況をもたらす、②〝ポジ・ハゲ〟の姿勢を選択した男性の側にさまざまな告白の負担や周囲から好奇心の的になることの忍従を強いている、③ハゲた男性に特定のイメージの付着した男性像（明るい、精神的に強い、外見を気にしていない等々）を要請している」。興味深い指摘ばかりだ。つまり、流布されるポジティブハゲによって救われているのはごく僅かであり、新たな困難をもたらす点においてポジ・ハゲは有害ですらある、と手厳しい。ハゲを振り切って表に出ている人からしてみれば、せっかく俺たちが偏見をなくそうとしているのに、と憤慨するかもしれないが、なにも内紛を望んでいるわけではなく、ポジ・ハゲがハゲの二次被害を生んでいる可能性を伝えたいだけなのだ。

ハゲには「有り難がられる」という抜け道がある。その理由など、まったく大雑把なものだが、仏様のような気がするから、らしい。坊さんの世界で髪の毛が生えている人を見かけると、まだまだ半人前なんだなと勝手な理解をしてしまうが、その裏返しとしてハゲが重宝される。

前出の『誇大毛想』では「瀬戸内寂聴さんだって頭を剃っているからこそ、みんながありがたがって話を聴きに行こうって気になるんじゃないですか。あれがもし、サザエさんみたいなパーマを当てていたらそんなにありがたくないでしょう」（編集者の発言）とメガトン級の爆弾発言が確かな説得力を持って放たれている。明治以前、坊さんに対しては総じて剃髪せよとのルールがあったが、明治以降は「僧侶の肉食妻帯蓄髪等は勝手たるべき事」との指令が出て、蓄髪が許されることになった。つまり、ハゲをありがたがる慣習などかなり前からあるのだし、逆に坊さんだからといってハゲじゃなくてもいいんだよ、というのも明治から提示されている。いずれも歴史は長い。しかし、提示されるだけで、なかなか理解に至ることはなかった。

北海道のあるホテルではハゲの人から自己申告があれば宿泊料金を500円割引するという「ハゲ割引」を導入している。理由は何か。風呂の排水溝の掃除って髪の毛が入って結構大変なんだけど、ハゲならラクだから、である。「頑張ってる貴方をハゲますサービス」だそう。そもそも、ハゲは頑張ってるという謎のメンタリティが、当人たちの許諾を得ずに付加されている。「あ、じゃあ、500円引いときますね」との言付けが、500円以上の精神的ショックを与えているのではないか。

ロックンロールってのは、摂生よりも不摂生に宿る。毎朝青汁を飲んでいる人より、朝まで浴びるほど酒を飲んでいる人のほうがロックだ。ざっくり言えばちゃんとしてないヤツらがちゃんとしている風の連中を叩きのめしてくれるのがロックだと、私たちは信じてきた。ならば、ハゲとは、不摂生の果てとしてみてもいいのだろうか。極めてつまらない話だが、頭皮の健全を保つのは「バランスの整った食事」「規則正しい生活スタイル」「ストレスを溜め込まない」に尽きる。このつまらなさはロックンロールが決して持ってはいけないものでもある。「ハゲる」と「抗う」は同義であり、「生える」と「落ち着いちゃう」

も同義である。

ザ・ローリング・ストーンズのキース・リチャーズが気持ちよくハゲていることの重要性を考えたい。ミック・ジャガーがナイトに叙勲されたときのキースのコメントがクールだ。「俺はくそ忌々しい冠を付けてキザなアーミンの白い毛皮を羽織った誰かさんとステージに上がるなんてゴメンだね。俺はミックに言ってやったよ。『そいつは糞食らえの無価値な名誉だ』ってね」。痺れる。いい年して、木登りしたヤシの木から落ちて負傷したり、50年間図書館から本を借りっ放しであることを突然明らかにしたり、この人の尽きぬ破天荒は決してセレブリティにはならないというスタンスから来ている。そんな彼が堂々とハゲているという事実はハゲの役務と価値をズバリ教えてくれる。帽子をかぶらない。むしろ、オープンにする。

旧約聖書に登場する預言者エリシャは、ある町で子どもたちに「はげ頭、上って行け！」と罵られてしまった。エリシャはあろうことか、主の名によって彼らを呪った。すると、森の中から2頭の熊が現れ、子どもたちのうちの42人を引き裂いたという。預言者ともあろうものが、ハゲ呼ばわりにブチ切れて、熊に子どもを殺《あや》めさせたのである。ハゲコンプレックスの根は、あらゆるコンプレックスの中でも深いのかもしれない。だって、聖書にそう書いてある。預言者が子どもを殺しちゃったのである。内なる憎悪を外から嘲笑される、もっとも危ういありのままの姿を野ざらしにしているのである。

スペシャル対談

ジェーン・スー× 武田砂鉄

「東京育ちコンプレックスが抱く"上京"への憧れ」

ジェーン・スー profile

東京生まれ、東京育ちの日本人。作詞家、ラジオパーソナリティー、コラムニスト。月〜木でTBSラジオ「ジェーン・スー　生活は踊る」のパーソナリティーを務める。著書に『私たちがプロポーズされないのには、101の理由があってだな』（ポプラ文庫）、『貴様いつまで女子でいるつもりだ問題』（幻冬舎文庫）、『女の甲冑、着たり脱いだり毎日が戦なり。』（文春文庫）、『生きるとか死ぬとか父親とか』（新潮文庫）、『揉まれて、ゆるんで、癒されて　今夜もカネで解決だ』(朝日文庫)、『これでもいいのだ』（中央公論新社）、『女のお悩み動物園』（小学館）などがある。

武田　以前、インタビューさせてもらった時に「東京ジャイアン」の話になりましたね。東京生まれ・東京育ちのスーさんは、なにかと東京都内で過ごし、東京のことしか知らず、一人旅に出かけようとすら思わない、と。

スー　一人旅の欲求自体があんまりないんですよ。そもそも旅行ってものに熱がない。この間、８年ぶりの夏休みをとってバリに行ったんですけど、基本的にホテルの中でずーっとのんびりしてるだけ。だから多分、死ぬときに後悔するんだろう、って思うんですけど、歴史的建造物などの文化に対する興味が著しく低い。

武田　海外への興味って、学生時代に「自分、興味持ってる」アピールできるかどうかで決まるところがありますよね。大学時代、猛スピードで海外に目覚める奴が出てくる。東南アジアに一人旅、アメリカへ短期留学、そういう旅を先にこなされて、こっちの「海外に興味ある」デビューがものすごく遅くなった。聞かれてもいないのに、「俺、海外とか、そんなに興味ないし」を装う数年間がありました。

スー　どこかに行って城を見るとか、もっと極端な話、普段の生活で街を歩いていると、坂の入り口に「この坂の由来」が書いてありますけど、歴史好きな人って、必ず読みますよね。私にはその関心が一切ない。商業ベースのモノしか好きじゃないんですよ。だからアメリカのエンターテインメントが好きなんだと思う。

武田　これでどれくらい稼いだかが可視化されてる感じ。

スー　京都のような街にも興味が持てない。「倉敷？」「フーン」みたいな。

武田　倉敷フーン（笑）。「東京ジャイアン」の話からコンプレックスの話に繋げると、自分も郊外とはいえ東京育ちなので、上京することに異様なまでの憧れがあります。ベタな恋愛映画のラストで高校生カップルの片方が上京することになり、無人駅のホームで別れるというシーンを見かけると、「うんうん、わかるわかる」って涙をこぼす。東京育ちなのに。「故郷に大切な誰かを置いてきた」シチュエーションへの憧れ。

スー　「上京したことないコンプレックス」っていうのはありますね。だからやっぱり最終的に、ニューヨークを目指すと思うんですよ、私。アメリカに渡ったピースの綾部さんを見て「わかる！」って思った。こうなりたいという夢とか目標はまるでないんですけど、最終的にアメリカに移住したいというのはあって。自分で言ってて本当にバカかって思うんですけど、ロスかマンハッタンに住みたいんです。20歳の時に1年間、アメリカのミネアポリスっていう、プリンスの出身地に留学していました。当時、私は「体が大きい」というコンプレックスを持っていたんですけど、ミネアポリスに来て「あ、生きてていいんだ」って思えた。日本でずっと異形感を抱えて生きてきたんです。アメリカって、こんなにノビノビ生きられるんだって感覚があった。あれが忘れられない。

武田　自分の体の大きさにかなり強いコンプレックスがあったんですね。

スー　幼稚園、小学校、中学校とずっと大きくて、それこそ背の順に並んで「前にならえ」をする時は必ず一番後ろでしたから。小さくてかわいいものに対するコンプレックスは、思春期が終わっても……というか、未だに根強くありますね。

武田　中学生になるととりわけ顕著ですが、クラスの中に階層が生まれてきますよね。A・B・Cと、ゾーンが分かれてくる。スーさんは、自己分析すると、階層のどの辺りに所属していたと思いますか？

スー　上のほうのヒエラルキーにはいたんですよ。周りの子たちはみんなかわいかったり利発だったり。私もみんなで騒ぐことが好きだったし、学級委員をやっていたというのもあって、AかBぐらいにはいた。でも明らかに容姿ではなくて「面白枠」としての所属。キレンジャーとして入ってるなという自覚。

武田　それは自分も同じですね。A・B・Cのグループに分けた場合、生意気にもBの上くらいという感覚ではいて、Aのグループに面白い話をしにいく派遣業をしていた。共学だったので、Aグループの人は無条件でモテる。具体的には男女でとしまえんにグループデートに行く。自分はAへの派遣業に従事しているわけだから、「もしかしてとしまえんに誘ってもらえるんじゃないか」って淡い期待を持つんだけど、そこは残酷で、派遣は切られるんです（笑）。

スー　Aとは違うんだな、って自覚はありましたね。流行りの服や髪型やメイクが絶対に似合わないという自負がはっきりあったし。今でこそ「私には他のやり方がある」って分かっているけど、当時は「何をやってもダメだな」という感覚があったから。だから、大学時代にはソウルミュージック研究会というサークルに入ったり、ヒップホップが好きになったりしたんだと思うんですけど。

武田　自分は中学からヘヴィメタルが好きになったんですけど、通っていたのが郊外にある私立中学で、自分は家が近くて自転車通学なんだけど、同級生の多くは都心の家から学校に通ってくる。とにかく、聴く音楽が洗練されているんですよ。渋谷のＨＭＶで買った小沢健二やコーネリアスを聴いている。こっちが帰りに寄るのは地元のBOOKOFFだから、渋谷のＨＭＶと音楽格差が生まれる。でも「あいつらに合わせたくねぇ」と意地を張って、B'zを好み、遅れてきたビーイング好きを一人で突っ走る。

スー　あえてのビーイング（笑）。誰にも頼まれていない「あえて」。

武田　「あえて」って、自分で言い続けていないと、需要も供給もたちまち途絶えちゃうんで。

しつこいって、こういうことか

スー　『コンプレックス文化論』を読んでまず思ったこと、それは「しつこい」です（笑）。私の本って、読書メーターとかブクログとかAmazonのレビューなどで、何の悪意もなく「しつこい」って書かれていることがあるんです。その意味がよく分からなくて「性格的にしつこいからかな？　でも、書いてあることもしつこいのかな？」って思ってたんですけど、今回の砂鉄さんの本を読んで、「あ、しつこいって、こういうことか」とわかった（笑）。読者の追体験ができたと思って。この本で取り上げられている中で言うと、私、天パだったし、下戸だし、もともとは奥二重だったんですよ。今は加齢によって瞼が垂れてきて、自然と幅の広い二重になりましたけど。あと、遅刻はするし、実家暮らしだったし、「背が低い」の逆で「背が高い」コンプレックスだった。結構持ってたなって。

武田　この本で取り上げたコンプレックスの過半数を持っていた（笑）。天然パーマは直ったんですか？

スー　いや、縮毛矯正です。女性の場合、クルクルの天パじゃなくて、モアッて広がる人がほとんどなんですよ。毛がまっすぐ毛穴から出てこないんです。雨の日の憂鬱さはストレートの人には絶対に分からないはず。自分では可愛らしく結んだりブローしてたりしたのに、中学の時、友達のお母さんから「えらいわね、うちの子なんて髪の毛ばっかり気にしてるのに、そういうの気にせず、その分、学業をがんばっているんでしょ？」って言われて傷ついたこともありましたね。

武田　スーさんが下戸だってことに対しては、色んな人から「意外!?」って言われてきたはず。「意外!?」周辺の会話、押し並べて面倒くさくないですか。

スー　私は99％の人に初対面で「怖い」と思われるので、下戸はむしろ使えるんですよ。「ギャップ萌え」とまではいかないけれど、「ギャップ」くらいまでは作れるから。割り勘が腹立つのと、「酒飲まないでどうやって恋愛するの？」って話になった時に説得しきれないっていうのはありますけど。

武田　恋愛における酒の取り扱いというか優位性って、概ね幻想じゃないかって気もしますけどね。お酒を飲めるようになってすぐの頃、誰かしらから、酒と恋愛について教示される。それに影響されすぎている気がします。

スー　でも、隙が作れるのは確かだと思う。防御壁がすごく高くて厚い女にとっては、本当はお酒が功を奏すると思うんですよね。

武田　その隙、お酒以外では作れないんですかね。

スー　忍耐、ですかね。『貴様いつまで女子でいるつもりだ問題』という本に書いたんですけど、隙ってこの船がどこに流れていくかってことに対して、そのままの空気に任せられる人が作れるものなんですよ。やっぱり座った途端に「ビールの人！」って、テキパキ注文取り始める隙がない人って、間が怖いし、その場がどっちに向かっていくのかがすぐにわからないのも怖い。行先がわからない恐怖心が強い。

武田　今回『コンプレックス文化論』の中で「とりあえずビール！」という悪習についても触れましたが、最近では「ビール以外の人⁉」っていう、不束者を吊るし上げるかのような宣言が増えてきましたね。

スー　私が20代前半の頃は「とりあえずビール！」でしたね。そこを割って入って「ウーロン茶」と注文し、白い目で見られる、ここまでがセットでした。でも、下戸だけではなく、多数か少数かで言えば、少数派であることのほうが多かったので、そこに対しての憤りって、実はそんなになかったんですよ。

武田　少数派か多数派かを見極めるのがかなり早かったんですか。

スー　早かったですね。幼稚園とかそのくらいだったと思います。

武田　それは早いですね。自分なんて、少数派かぁ、それでも別にいいじゃん、少ないほうに佇んでいてもいいじゃん、ってしっかりと思えたのは高3くらいですよ。

スー　私も、佇んでいてもいいんだ、と思ったのはそれくらいだったけど、圧倒的多数ではないという自覚は幼稚園でしたね。

武田　そういう自覚で、中学生になって入ったのが剣道部だった。

スー　中学は剣道部と軽音楽部で、高校は軽音楽部と、あと陸上部に2秒くらい入ってました。

武田　どちらの運動部もうまくいかなかったんですよね？

スー　そうですね。剣道は、所詮誰も試合に出ないような剣道部で、社会科研究室でぴょーんぴょーんと竹刀を振るだけ。

武田　自分のコンプレックスとして根深いのは、中学時代、サッカー部でゴールキーパーやっていた時のことなんです。Jリーグブームに感化されて、比較的背も高かったし、キーパーとして大活躍できるんじゃないかと思ったら、引退までずっと控え。しかも、3年の時に2年のキーパーに控えキーパーの座すら奪われました。2年のキーパーが人間的に出来たヤツで、「今の俺があるのはタケさんのおかげっすよ」みたいなことを言う。そうするともう、こっちは彼を恨もうにも恨めない。本格的に諦める。試合の前日にコンディションを整える必要なんて無い。この時期が、サブカル系の本を読み漁り始める時期と一致します。中学時代って、なにかしらのスポーツをやることを強制的に要請される。そこでダメだった人たちが、文化的な創作を始めたんじゃないか。あの時のコンプレックスから今回の本が生まれたとも言えます。

スー　もっとおおらかに考えられていたら、こんな重箱の隅をつつかずに生きてこれたのに、って思いますよね。

武田　サッカー部のスタメンって軽音楽部に入っていたりもするじゃないですか。由々しき事態です。あの理不尽さったらないですよね。彼等は全部取っていく。

スー　向こうは向こうでいろいろあるんだろうけど。コンプレックスの強い人って、いろんなものの欺瞞に対して過敏なんでしょうね。

武田　そうなんですよ、あっちは何にも思ってないんです。サッカー部のスタメンで軽音でも人気だった奴らに、同窓会で今になって会う。自分は当時の距離感を事細かに覚えていて、全データを稼動させて、「俺ってほら、Aの階層に行かせてもらえなかったよね？」とご挨拶に出向くんだけど、彼らは全てリセットされているんですよ。で、今、自分がこういう、ちょっとだけ目立つ仕事をしているのを知ると、ものすごくウェルカムな感じで来るんです。

スー　たぶん無自覚でしょうけど、「おっ、お前もここに入るだけの装備を手に入れたな」って感じなんでしょうね。

武田　で、それに対して、「やった、嬉しいな」と感じるのが、実に情けない（笑）。

3大コンプレックスは？

スー　ところで3大コンプレックスを武田さんの中でリストアップすると何になりますか？

武田　まず、「控え」と「多摩」と……。

スー　多摩って、23区の「控え」みたいですもんね（笑）。

武田　「控え」と自覚した上で苛立ってましたね。東京で降雪予報が出ると、テレビ局は、あまり知られていないキャスターを八王子駅前に飛ばして、「八王子、そろそろ降ってきましたので、間もなくするとそちらも……」って告知してきますよね。都心から多摩の中学に通っていた同級生が、家を出るときは降ってなかったのに学校の近所では降ってるの、「マジうぜぇ」ってよく言っていた。てめぇの家の場所の天気予報じゃなくて、こっちの天気みろよ、と思ったもんです。

スー　あと一つは？

武田　「モテなかった」。

スー　最後にズバッときましたね（笑）。

武田　でも当時の頭ん中では、「控えで、多摩なので、モテない」だったんです。

スー　ああそうか、三題噺になってたんですね。

武田　改善すればパーフェクトにモテるってイメージがありました。多摩じゃなくて23区に住んでいたら俺はモテただろうし、控えじゃなくてスタメンになれば、たちまちモテただろうと。でも本当は、23区に引っ越してスタメンになってもモテなかったはずだから、「たられば」を残したままで良かったな、と今では思いますね。23区在住のスタメンでモテなかったら、塞ぎ込んだ人間になっていたかもしれない。

スー　コンプレックスって、ほぼほぼイコール可能性ってことなんですね。

武田　そう思いますね。コンプレックスを抱えたままにする、って、コンプレックスに潰されるってことじゃなくて、嗜む、みたいな感覚に近い。

スー 「俺、まだ本気出してないし」とか「世が世ならうまくいってた」ってことですよね。コンプレックスって、「世が世なら」ですよね。
武田 そうですね。「俺はな、もしアレだったらな、こうなれてたんだからな!」っていう強気。
スー 諸刃の剣ですね。コンプレックスって、自分をはげましたり、言い訳を作ったり、ショックアブソーバー(衝撃を減らす装置)としての効果もある。たとえば、砂鉄さんの「遅れてきたビーイング」っていう体でやっていくことで個性を作っていくような、コンプレックスによって場所を得ることができる。それは、そこに「欲」が正しくあったからだと思うんですよ。『コンプレックス文化論』ではそれぞれのコンプレックスについて様々な方がインタビューに答えているけど、この人たちはコンプレックスを「欲」に変えられた人達なんだなって思いました。コンプレックスを「バネ」にしてるんじゃないんですよね。
武田 この本に出てくださった人たちは、「バネ」というよりは、手持ちの食材でどう食えるものを作るか、って考えて、絵を描き始めたり、バンドを始めたりしたんだと思いますね。
スー インタビューを受けてらっしゃる方たちは、みんな明確な欲望がはっきりある人たちじゃないですか。「私なんかこうだし……」っていうネガティブな話がないのが面白い。

「一重瞼だから前に出られない」とかじゃない。むしろ、砂鉄さんがそっちの方向に持っていこうとしても、誰もそっちに乗っていかない（笑）。欲が強いとコンプレックスはいつの間にか自分の足を搦めとるようなネガティブな要素ではなくなるのかもしれないですね。

武田　過去を振り返る形でのコンプレックスなので、好都合に咀嚼している可能性もあります。でも、それは徹底的に自己管理してきたものだからこそ、その好都合ができるって特性もある。他者を巻き込んでるわけではないから。

スー　コンプレックスって、基本的に自分を無価値に近づけていくものじゃないですか。自分の価値が他より著しく低いっていう値付けを自分自身にしていくものだと思うので。値付けしたままになっちゃうと、いいことが起こるわけがない。「自分を自分で低く見積もってるんですよ」っていう芸にまでなっていればいいと思うんですけど、ジトッとしたままになっちゃうと厳しいですよね。ある種の腹見せみたいなところもあるし。だから、コンプレックスを持ち続けるには筋肉がいる。

武田　コストがかかりますよね。

スー　そう、コンプレックスって、経費かかるんですよ。

EXILEと星野源

武田　スーさんは、ディズニーランドが苦手なんですよね。なぜ、アメリカンなものが好きなのに……って思ってしまいます。

スー　ディズニーというより、あそこに入り込んでくるヤンキーテイストですよね。ヤンキーって多数派の成功者だから、仲間とか愛とかに対しての衒いもないし、さっき言っていた、砂鉄さんや私が飛び越えられない低いハードルっていうのをどんどんなぎ倒して前に進んでいける人たちだから。まるっとあの世界を信じるのはなかなか厳しい。

武田　日頃、原稿に行き詰まると、うっかりEXILEのことを書いちゃう癖がある（笑）。あの方たちって、全ての所作が正しいじゃないですか。言ってることもやってることも正しい。「正しさ」が横一列になって、威嚇しながらこちらに向かってくる感じに、「そうだよ、この感じだよ」ってかつてのコンプレックスが再燃する。

スー　私は、EXILEが出てきたら「おっ、EXILE！」って言うだけですよ。

武田　「よっ！　EXILE」

スー　「よっ！」もダメです。

武田　把握で済ませると。

スー　確認だけです。
武田　身体が完璧で、相応の精神が補完されている個体を見ると、かつての控えコンプレックスが発動します。だからこそ、彼等の、文化領域への介入というか制圧についてはとても敏感になっています。もう、何でもやろうとするの、やめてくれよって。
その一方で、今、全方位的な覇者である星野源に対して、悪い感情を抱かないのは、前の議論で言うと、Bにいた感じがするからなんですよね。この人、Aじゃなかったなって。A出身者だと、「お前、なんでシモネタまで取り扱おうとしているんだ!」って怒るんだけど。
スー　Bの出世頭ってことに嫉妬はないんですか?
武田　嫉妬と希望の星という気持ちの両方が……。
スー　ないまぜ（笑）。俺たちのところから、出ていって。
武田　それを偉そうに精査している現在（笑）。Bの自分が尊敬していた人たちが「星野くん、いいじゃん」みたいな言及を重ねているのを見ると、「これはもう認めざるを得ないぞ」と偉そうに判定する。じゃないと、こっちの立場がなくなる。
スー　自己否定につながると（笑）。
武田　だからOKなんです。OKなんです、って超偉そうですけれど。
スー　「おい、Bのくせに!」って言えないですもんね。それって完全に、返す刀で自分が斬られるから。でも、容姿がいい人はいい人で、つまらないと思われているんじゃないかとか、どこまで頑張ったらこれが自分の努力や才能の賜物だって信じてもらえるんだろうかって、コンプレックスがあるんでしょうけれど。

武田　貯金1億円の人が2億円の人に嫉妬するという話に、「そんなん、どうでもいいよ」と思うように、イケメンと、もっとハイグレードなイケメンの争いって、こっちは管轄外です。でも彼らにしてみたら「もっと上」の争いで生じるコンプレックスがあるのでしょう。その競り合いに、世の中はとにかく無関心。

スー　でも、人権的に考えたら、そこを認めるべきなんですよね。ただ、コンプレックスチームから言うと、（才能や美貌などを）持ってる人が困っていては、自分たちの理論が破綻する。「持ってる人は困ってちゃいけない！」というむちゃくちゃな話（笑）。絶対的に幸せで何の問題もない、でいてくれないと、私たちが今そうではない理由が存在しなくなっちゃう。君たちが幸せじゃないと、理屈が破綻する、という。

武田　逆に言えば、こっちの前提を崩す一撃を、あっちが持っているというのは、恐ろしいですよ。だから「余計な事を言うなよ、お前たち！」と牽制する。

スー　純然たる富の象徴でいてくれないと困るんですよ。辻褄が合わなくなるから。ものすごい勝手ですよね。

マッサージにほぼ行ったことがない!?

武田　そういえば、昨日の夜まで高松にいて、寝台列車のサンライズ瀬戸で今日の朝、東京に帰ってきたんですけど。

スー　ふー、お疲れ様です。

武田　その個室の中でスーさんの新刊『今夜もカネで解決だ』を読んでいたんですが、このでかい図体で、体が伸ばせないような状態で読んでいたんで、体が凝りに凝りました。マッサージなどリラクゼーションの店に通いつめた本を読んで体が凝る、という本末転倒(笑)。様々なお店に興味を持ったものの、なぜか昔から他人に後ろに立たれることが苦手なんで、マッサージってものに、ほぼ行ったことがないんです。

スー　後ろに立たれること自体が？

武田　1回だけ上海でマッサージを受けたことがあって。性的なサービスがある店ではなかったんですけど、ちょっと待て、股間周辺へのマッサージが入念すぎるのでは、この先も可能ってシグナルなのか、いいよそんなの、との疑いが抜けず……それ以降、一切シャットアウト。全身バキバキに凝ってますけど、行けない。

スー　マッサージ行かないって、結構びっくりです。極楽なのに！

武田　スーさんの本を読んで、つくづくそう思いましたね。
スー　合法の極楽ですよ。触られるのも嫌なんですか？
武田　男性用サービスへの延長を期待している人だと思われたくなくて行きたくないんです。
スー　そんなのないですよ！
武田　どこに行けば健全な店なのかがちっとも分からないんですよ。街中でマッサージ店の看板を見ながら、行く気もないのに「これ、どっち？」って思ってしまう。確実にその延長サービスがない店を教えてください。
スー　ない店のほうが多いですよ、基本的に。何とか整体院っていうおじいちゃんがやってるようなところに行けば絶対にないですから。
武田　ああ、なるほど。「あわよくば」を望んでいると思われるのが嫌なんですよね。
スー　そこはわかるんですけど。本にも書きましたけど、自分がどんな状態であれ、お金さえ払えば受容してもらえるっていう、こんなシステムはないので。
武田　その合法性には納得しましたね。
スー　自分の体が具合悪いと人に当たったりしますからね。イライラしない時間を作るために行く感じですね。どんなコンプレックスがあろうとも、お金さえ払えば絶対に受容してもらえるっていう意味で、マッサージとかリラクゼーションのサロンって私にとっては必要なんですよ。

武田　確かに、見事にカネで解決されてました。

スー　解決っていうか、解消できるって感じですかね。

武田　行ったことない人間からすると、1回行ったら2回目行かなきゃいけない中毒性を植え付けられるんじゃないかって警戒心を抱いているんですけどね。

スー　まあ中毒性はありますよね。好きになるとどうしても。砂鉄さんに「ここに行ってきてくれ」って指令を出して、武田さんがレポートするっていうのどうですか？　私は何もしないやつ。

武田　操縦するだけ（笑）。望むところです。

スー　誰かに指図されてでもやっておいたほうがいいかも。『貴様～（※貴様いつまで女子でいるつもりだ問題）』のとき、「30代は食わず嫌いを1個でも無くしておいたほうが肩の関節が動くようになりますよ」というようなことを書いたんですけど。食わず嫌いが多いんですよね、コンプレックスのある人間は。

武田　初心者はどういうところに行けばいいんですかね？

スー　どういうものが好きかによります。生理的に同性のおっさんに触られるのは嫌って人もいるじゃないですか。深層心理をひっくり返してみたら、正直ただ癒されたいだけなので若い女の子に優しくされればそれでいいって人もいます。

武田　それは嫌ですね、スーさんがイケメンに揉まれるのは嫌っていうのと同じで。女性に揉まれたら、ひたすら「申し訳ないです」と思うはず。

スー　理屈が好きな人におすすめなのは、ストレッチですね。ひたすらストレッチさせられて、あられもない姿になるので恥ずかしいんですが、自分では伸ばせない筋肉を発見するという意味で意義があるというか。あと、可動域が圧倒的に広がる。人体実験として面白いですよ。

武田　そこから入りますかね。今、椅子に座る時、背もたれとひじ掛け、この2つのカドがないと座りたくない状態が続いているんで、マズいんです。たまに背もたれのない丸椅子の飲み屋に連れて行かれると、「1カドもねぇのか」って不快になるんで（笑）。

スー　疲れすぎですよ。

あとがき

小さいことにクヨクヨするな、とか言ってくる人を信じないようにしている。そういうタイトルでベストセラーになった自己啓発書のサブタイトルは、「しょせん、すべては小さなこと」である。こんな酷い弁舌があるだろうか。クヨクヨする原因となった物事が大きいか小さいかは自分が主体的に決めることであって、それを「小さいこと」だと勝手に決め込んだうえに、しょせん、それは小さなことだから、と改めて引っぱたかれるなんて、これほどの非人道的措置も珍しい。っていうか、小さいことにクヨクヨしなくてどうするのだろうか。

人は様々なことに感情を揺さぶられる。その度合は分からない。タイミングも分からない。大恋愛の末に振られても、翌朝から「クロワッサンがおいしい」と評判のモーニングに出かけられるかもしれないし、お気に入りの靴でガムを踏んづけてしまったことをきっかけに会社を辞めるかもしれない。外から度合を決めてはいけない。大きなことにも、そして小さなことにも、クヨクヨしてかまわない。「クヨクヨするな」とか、押し並べて、マジでうるせぇよ、と思う。

本書で取り上げたコンプレックスは、世の中的には「小さいことにクヨクヨするな」案件で、そう言ってくる人は、大きなコンプレックスを投じて、ほら、これに比べれば大丈夫だよ、「しょせん、その程度だよ」などと暴力的に自己を啓発してくるのかもしれない。なぜそうやって解決を目指すのだろうか。引きずってしまえばいいではないか。

引きずることから切実な表現が生まれる、ということを知らせるために、コンプレックスをしつこく探究し、しつこく問いかけてみた。この本を読んで、対象となったコンプレックスを解消してください、なんて露ほども思わない。外からの申し立てによって解消できるはずなんてないのだ。こちらからのメッセージがあるとするならば、どうぞそのまま継続してください、くらいのもの。二重にしてこいと命じる芸能事務所の社長がいる。天パ姿を見て職務質問する警官がいる。何をどう頑張っても親が金持ちだからと理由付けされる。コンプレックスには世の理不尽が付着してくる。それを外から剝がすことはできないけれど、飼い馴らす方法の選択肢のひとつくらい提供できていれば嬉しい。

本書はカルチャーサイト「CINRA.NET」に連載していたものを、それはそれは大幅に書き換えた1冊です。15年も前の学生時代、このサイトの立ち上げの頃から関わってきた身としては、CINRAでの連載が1冊の本としてまとまることはとても感慨深いものがあります。小さいことにクヨクヨし続けると、たまにいいことがあるものです。連載編集担当のCINRA・柏木ゆかさん、本書の編集を担当して下さった文藝春秋・臼井良子さんのおかげです。ありがとうございました。

2017年6月　武田砂鉄

文庫版のためのあとがき

単行本刊行から4年ぶりに本書を読み返してみたら、いかにも今の自分が書きそうなところと、どうしてこんなことを書いたのだろうと首をかしげるところがくっきり分かれたのに驚いた。一度刊行したものなので、ほとんど修正はせず、ごっそりカットしたりはしなかったのだが、「コンプレックスというネガティブなものを、あえて、積極的に使ってみてもいいのではないか」という、全体に通底する〝あえて〟の姿勢に対して、「いや、そんなの当然でしょ」と突っ込みたくなる箇所がいくつもあった。あるいは、読み手を笑わせようと試みている箇所でジェンダーへの意識が欠けていたり、コンプレックスをただ茶化したりしているだけではないかと思われる箇所が結構ある、という点も気になった。

刊行からわずか4年で、「コンプレックスというものを自分で飼い馴らして力に変えてみるのはどうか」という提言は、意外性ではなく、それはそうでしょ、とスムーズに受け止められるものになったということでいいのだろうか。「正直、ちょっと強引な提案」だったものが、知らず知らずのうちに、「当然、実践すべき」との意味合いを強めていた。

様々なメディアで仕事をしていると、「いや、今、この言い方はダメでしょう」というチェックが、大なり小なり入る。そのチェック自体を面倒がる人もいるが、価値観も変われば、言葉も変われば、その変化のスピード自体も変化していくのだから、それに対して、ただ嘆いているだけではいけない。4年間寝かしておいたところ、これはそうではないだろうと思う箇所にぶつかった。毎日のように、自分の考えを書いて、伝える仕事をしているが、ある地点とある地点で書かれている考え方を比べてみれば、そこには、差が生じているのである。読み返して、納得できたり、できなかったりを繰り返していく。

自分で考えていること、守り抜いていることを、他人からとやかく言われたくない、というのは、人間最大の感情であって、この本で論じている「コンプレックス」がそういう姿勢の維持に有効だというのは、相変わらず強調したい。個人が抱えてきたコンプレックスを武器にする。どのように武器にするかはその都度変わるが、この本に詰め込まれている、それぞれが抱え持ってきたエキスがやっぱり好きだ。

2021年7月　武田砂鉄

〈歌詞引用楽曲一覧〉

「鉄腕アトム」作詞:谷川俊太郎 作曲:高井達雄／「一気！」作詞:秋元康 作曲：見岳章／「酒と下戸」作詞：椎名林檎 作曲：伊澤一葉／「タイガー＆ドラゴン」作詞･作曲:横山剣／「乾杯」作詞･作曲：長渕剛／「ダチ」作詞：村上基・浜野謙太 作曲：村上基／「時刻表」作詞・作曲：中島みゆき／「WHAT'S THE MATTER, BABY?」作詞・作曲：浜田省吾／「10％のブルー」作詞：泉谷しげる 作曲：加藤和彦／「平成のブルース」作詞・作曲：真島昌利／「地獄先生」作詞・作曲：真部脩一／「あの娘に1ミリでもちょっかいかけたら殺す」作詞・作曲：峯田和伸／「制服が邪魔をする」作詞：秋元康 作曲：井上ヨシマサ／「サイレントマジョリティー」作詞：秋元康 作曲：バグベア／「クリスマス・イブ」作詞・作曲：山下達郎／「東京タワー」作詞：鈴木圭介 作曲：フラワーカンパニーズ／「茶碗」作詞・作曲：星野源

ブックデザイン：大久保明子

イラストレーション：なかおみちお

ＤＴＰ制作：エヴリ・シンク

協力：CINRA.NET

初出：CINRA.NET　2012 年〜 2014 年（大幅に加筆・修正）
単行本：『コンプレックス文化論』2017年7月文藝春秋刊
スペシャル対談　初出：「文春オンライン」2017年7月13日公開

文春文庫

コンプレックス文化論《ぶんかろん》

定価はカバーに
表示してあります

2021年10月10日　第1刷

著　者　武《たけ》田《だ》砂《さ》鉄《てつ》

発行者　花田朋子
発行所　株式会社 文藝春秋

東京都千代田区紀尾井町 3-23　〒102-8008
TEL 03・3265・1211㈹
文藝春秋ホームページ　http://www.bunshun.co.jp

落丁、乱丁本は、お手数ですが小社製作部宛お送り下さい。送料小社負担でお取替致します。

印刷製本・凸版印刷

Printed in Japan
ISBN978-4-16-791773-9

（　）内は解説者。品切の節はご容赦下さい。

水道橋博士
藝人春秋
北野武、松本人志、そのまんま東……今を時めく芸人たちを、博士ならではの鋭く愛情に満ちた目で描き、ベストセラーとなった藝人論。有吉弘行論を文庫版特別収録。（若林正恭）
す-20-1

田辺聖子
老いてこそ上機嫌
「80だろうが、90だろうが屁とも思っておらぬ」と豪語するお聖さんももうすぐ90歳。200を超える作品の中から厳選した、短くて面白くて心の奥に響く言葉ばかりを集めました。
た-3-54

立花　隆
死はこわくない
自殺、安楽死、脳死、臨死体験……。長きにわたり、生命の不思議をテーマとして追い続けてきた「知の巨人」が真正面から〈死〉に挑む。がん、心臓手術を乗り越え、到達した境地とは。
た-5-25

田中澄江
花の百名山
春の御前山で出会ったカタクリの大群落。身を伏せて確かめた早池峰の小さなチシマコザクラ——山と花をこよなく愛した著者が綴った珠玉のエッセイ。読売文学賞受賞作。（平尾隆弘）
た-14-5

高峰秀子
わたしの渡世日記（上下）
複雑な家庭環境、義母との確執、映画デビュー、青年・黒澤明との初恋など、波瀾の半生を常に明るく前向きに生きた著者が、ユーモアあふれる筆で綴った傑作自叙エッセイ。（沢木耕太郎）
た-37-2

高峰秀子
コットンが好き
飾り棚、手燭、真珠、浴衣、はんこ、腕時計、ダイヤモンド……。これまで共に生きてきた、かけ替えのない道具や小物たちとの思い出を、愛情たっぷりに綴った名エッセイ。待望の復刻版。
た-37-7

壇　蜜
壇蜜日記
賞味期限切れのソースで運試し。新聞を読めば、求人欄に目がいく。抱かれる予定はしばらくなし——。あの壇蜜が、文壇を驚愕させた流麗な文体で綴る「蜜」な日々！　文庫書下ろし。
た-92-1

（　）内は解説者。品切の節はご容赦下さい。

壇　蜜
壇蜜日記2
壇蜜三十四歳。仕事の励みは風呂上がりのアイス。事務所の後輩の女の子が妹だったらと妄想……そんな壇蜜的日常に新展開。——「抱かれた」。各界から絶賛の書下ろし日記第二弾。
た-92-2

壇　蜜
泣くなら、ひとり
壇蜜日記3
寝起きの猫の匂いを愛し、見られてはマズイ画像を持っている人を心の中で数え、「私と春はどちらが図々しいだろう」と物思う……壇蜜のリアルがここに。初小説も収録の文庫オリジナル。
た-92-3

壇　蜜
噂は噂
壇蜜日記4
「不条理の利用」を女子に説き、寿司屋の看板を見ては「寿司良いなぁ」と涙を流し、男の優しさの先にある苦くて甘い何かを時に齧りたくなる……これがまさかの読み納め!?　書下ろし。
た-92-4

田部井淳子
それでもわたしは山に登る
世界初の女性エベレスト登頂から40年。がんで余命宣告を受け治療を続けながらも常に前を向き、しびれる足で大好きな山に登りつづけた——惜しまれつつ急逝した登山家渾身の手記。
た-97-1

土屋賢二
ワラをつかむ男
退職したツチヤ教授は神戸に新天地を求めたが、そこでも新たなる苦難が待ち受けていた！「夏の総決算」「風邪の影響」「走った日」など益々混迷深まるエッセイ集。（佐藤徹郎）
つ-11-21

土屋賢二
無理難題が多すぎる
何気ない日常にも哲学のヒントは隠れている。「妻になる！」と決心したり、「老人の生きる道」を模索したり、野球解説を考察したり——笑い溢れるエッセイ集。（西澤順一）
つ-11-23

土屋賢二
そしてだれも信じなくなった
やたら待たされる銀行、○○するだけダイエット、敬語の存在意義。「だれも信じられない」出来事の数々に出会った哲学者が生み出す極上のユーモア・エッセイ六十篇。（荒井泰子）
つ-11-25

（　）内は解説者。品切の節はご容赦下さい。

土屋賢二
日々是口実
異常気象、70代のスーパーボランティア、まさかの自身の骨折。そして老人ホームに入居？　ツチヤ教授の日々は慌ただしくも、思考の糧に満ちている。文庫オリジナル。（土屋幹雄）
つ-11-26

戸部田　誠（てれびのスキマ）
人生でムダなことばかり、みんなテレビに教わった
人気タレントが番組中にこぼした一言が、彼らの来し方行く末を物語る。たけし、さんま、タモリ、中居正広、又吉直樹、マツコ、宮沢りえなど百人による百の名言で編む文庫オリジナル。
と-31-1

中野孝次
ハラスのいた日々 増補版
一匹の柴犬を〝もうひとりの家族〟として、惜しみなく愛を注ぐ夫婦がいた。愛することの尊さと生きる歓びを、小さな生きものに教えられる、新田次郎文学賞に輝く感動の愛犬物語。
な-21-1

中野孝次
清貧の思想
日本はこれでいいのか？　豊かさの内実も問わず、経済第一とばかりひた走る日本人を立ち止まらせ、共感させた平成のベストセラー。富よりも価値の高いものとは何か？（内橋克人）
な-21-3

夏目伸六
父・夏目漱石
偏屈で癇癪持ちの父。その怒り爆発の瞬間、日記に残した子どもへの情愛、臨終の一部始終を、次男坊の記憶でスケッチした名随筆。あの名無しの猫と夏目家を描いた「猫の墓」も収録。
な-24-2

南木佳士
山行記
芥川賞受賞の翌年に心身を病んだ作家兼医師が五十歳で山登りを始め、回復する過程をさわやかに綴った山エッセイ。その行程は浅間山から南北アルプスの高みまで。（市毛良枝）
な-26-23

中島義道
孤独について 生きるのが困難な人々へ
戦う哲学者による凄絶なる半生記。誰からも理解されない偏った少年時代、混迷極まる青年時代、そして、孤独を磨き上げ、能動的孤独を選び取るまでの体験と思索。（南木佳士）
な-54-1

中野京子
運命の絵
命懸けの恋や英雄の葛藤を描いた絵画、画家の人生を変えた一枚……。「運命」をキーワードに名画の奥に潜む画家の息吹と人間ドラマに迫る。絵画は全てカラーで掲載。（竹下美佐）
な-58-8

中溝康隆
プロ野球死亡遊戯
球界に何のコネもない素人が人気ブロガーとなり野球コラム企画で日本一に。糸井重里さんも絶賛するモンスターブロガーによる痛快野球エッセイ。人生、逆転ホームランをかっ飛ばせ！
な-78-1

西村賢太
小説にすがりつきたい夜もある
四面楚歌の状況下、すがりついた一冊の本とは。型破りな私小説作家の知られざる文学的情熱が満載された芥川賞受賞前後のエッセイ集。『随筆集 一日』を再編集・改題。（小島慶子）
に-18-2

西　加奈子
ごはんぐるり
カイロの卵かけごはんの記憶、「アメちゃん選び」は大阪の遺伝子、ひとり寿司へ挑戦、夢は男子校寮母…幸せな食オンチの美味しオカしい食エッセイ。竹花いち子氏との対談収録。
に-22-4

蜷川実花
蜷川実花になるまで
好きな言葉は「信号無視」！　自由に生きるためには何が必要なのか。様々な分野を横断的に活躍する稀代のカリスマ写真家が語る、人生と仕事について。初の自叙伝的エッセイ。
に-24-1

野坂昭如・坪内祐三 編
俺の遺言
幻の「週刊文春」世紀末コラム
週刊文春名物連載「もういくつねると」から坪内祐三氏が厳選した55本を収録。都知事選挙、キレる子供、マスコミ報道……世紀末ニホンを俎上に筆が冴える。これぞ雑文の王道だ！
の-1-15

能町みね子
オカマだけどOLやってます。完全版
実はまだ、チン子がついてる私の「どきどきスローOLライフ」。オトコ時代のこと、恋愛のお話、OLはじめて物語など、大人気イラストエッセイシリーズの完全版。（宮沢章夫）
の-16-1

文春文庫　最新刊

陰陽師　女蛇ノ巻　夢枕獏
夢で男の手に噛みついてくる恐ろしげな美女の正体とは

剣樹抄　冲方丁
若き光國と捨て子の隠密組織が江戸を焼く者たちを追う

剣と十字架　空也十番勝負（三）決定版　佐伯泰英
隠れ切支丹の島で、空也は思惑ありげな女と出会い……

初夏の訪問者　紅雲町珈琲屋こよみ　吉永南央
男はお草が昔亡くした息子だと名乗る。シリーズ第8弾

こちら横浜市港湾局みなと振興課です　真保裕一
名コンビ誕生。横浜の名所に隠された謎を解き明かせ！

武士の流儀（六）　稲葉稔
古くからの友人・勘之助の一大事に、桜木清兵衛が動く

白魔の塔　三津田信三
物理波矢多は灯台で時をまたぐ怪奇事件に巻き込まれる

神さまを待っている　畑野智美
大卒女子が、派遣切りでホームレスに。貧困女子小説！

三途の川のおらんだ書房　転生する死者とあやかしの恋　野村美月
イケメン店主が推薦する本を携え、死者たちはあの世へ

ドッペルゲンガーの銃　倉知淳
女子高生ミステリ作家が遭遇した三つの事件の真相は？

猫はわかっている　村山由佳　有栖川有栖　阿部智里　長岡弘樹　カツセマサヒコ　嶋津輝　望月麻衣
人気作家たちが描く、愛しくもミステリアスな猫たち

創意に生きる　中京財界史〈新装版〉　城山三郎
特異な経済発展を遂げた中京圏。実業界を創った男たち

ざんねんな食べ物事典　東海林さだお
山一證券から日大アメフト部まで――ざんねんを考える

極夜行　角幡唯介
太陽が昇らない北極の夜を命がけで旅した探検家の記録

コンプレックス文化論　武田砂鉄
下戸、ハゲ、遅刻。文化はコンプレックスから生まれる

クリスパー CRISPR　究極の遺伝子編集技術の発見　ジェニファー・ダウドナ　サミュエル・スターンバーグ　櫻井祐子訳
人類は種の進化さえ操るに至った。科学者の責任とは？

真珠湾作戦回顧録〈学藝ライブラリー〉　源田實
密命を帯びた著者が明かす、日本史上最大の作戦の全貌